Liebe Leserinnen, liebe Leser!

Es ist nicht zu leugnen, Dublin hat sich gewandelt, aus der einst etwas verschlafen wirkenden Metropole ist in den letzten beiden Jahrzehnten eine lebendige kosmopolitische Großstadt geworden. Von der europäischen Finanzkrise besonders hart getroffen, hat sich Irland davon längst erholt und beeindruckt seit einigen Jahren mit gigantischem Wirtschaftswachstum. Davon profitiert nicht zuletzt die irische Hauptstadt. In den gemütlichen Pubs findet man noch den alten Charme, den Gegenpol dazu bilden moderne Architektur, erstklassige Museen und nicht zuletzt schicke Clubs.

Eine Insel, zwei Länder
Bei aller Begeisterung über die Boomtown Dublin sollte man Belfast nicht vergessen. Hier hofft man, dass sich trotz Brexit der Aufschwung fortsetzt. In Pubs, Clubs, Galerien und Shoppingmalls pulsiert das Leben. „Wer in Belfast keinen Spaß hat, hat nirgendwo Spaß", zitiert unsere Autorin Nicole Quint den britischen Musiker und Moderator Jools Holland. Bürgerkrieg und Unruhen gehören schon lange der Vergangenheit an, sind kaum noch vorstellbar. Insofern sollte man Belfast und überhaupt Nordirland unbedingt in die Irland-Reise einplanen. Hier ist alles very british und doch typisch irisch – ein spannender Kontrast.

Grün in allen Schattierungen
Im Umland seiner Städte zeigt sich Irland vor allem grün, Wiesen, Weiden und Buschwerk gibt es allerorten. Blühende Fuchsien und Rhododendronbüsche setzen im Frühling und Sommer farbige Akzente. Eine wahre Blütenpracht entfaltet sich in vielen herrlichen Parks und Gärten. Die schönsten grünen Oasen stellen wir Ihnen in unserer Rubrik „Best of" vor. Natürlich hat so viel Grün seinen Preis, eine Gutwettergarantie gibt es in Irland nicht. Kein Gebirge hält Regenwolken auf, so bekommt die Insel von jedem sich Europa nähernden Tief ihren Teil ab. Aber: „Wenn Dir das Wetter nicht gefällt, warte einfach fünf Minuten", so raten die Iren den Besuchern ihrer Insel. Kann ich nur bestätigen. Herzlich

Ihre

Birgit Borowski
Programmleiterin DuMont Bildatlas

*Als freie Reisejournalistin hat **Nicole Quint** längere Zeit in Irland gelebt. Seitdem liebt sie Land, Leute und selbst den irischen Regen so sehr, dass es sie immer wieder auf die Grüne Insel zurückzieht.*

*Dem Fotografen **Johann Scheibner** gefiel bei seinem Aufenthalt in Irland fast alles – vor allem begeisterte ihn die Freundlichkeit der Iren und auch ihre Bereitschaft, sich fotografieren zu lassen.*

Reisen, die prägen.

Irland individuell entdecken

– übernachten in Häusern mit Charme und Geschichte
– reisen nach individuell erstelltem Plan
– beraten durch reiseerfahrene Mitarbeiter.

Umfulana SEIT 1998

www.umfulana.de
info@umfulana.de

56 Einsamer geht es nicht vor Irlands Küste: Besuch auf Skellig Michael.

100 Lange Tradition: Pub als zweites Wohnzimmer

Impressionen

8   Ein Irland-Bilderbogen: Felsspektakel Cliffs of Moher, Dark Hedges bei Ballymoney, Galways Pub als Wohnzimmer, neue Waterside und alter Treffpunkt in Dublin, Außenposten Skellig Islands.

22 Alt und Neu einträchtig beieinander: Waterside in Dublin

Dublin und Umgebung

22   **Die Stadt der Städte**
Dublin ist eine der spannendsten Kulturmetropolen Europas und hält mehr Überraschungen bereit als das irische Wetter. Hier trifft der alte Charme von Pubs und Kopfsteinpflaster auf moderne Architektur, schicke Clubs und erstklassige Museen.

DUMONT THEMA
34   **Hart, härter, Hurling**
Wer Irland verstehen will, muss mindestens einmal ins Stadion – zum Hurling.

38   **Cityplan**
39   **Infos & Empfehlungen**

Süden

56   **Kein schöner Land**
Mildes Klima und Palmengärten, raue Küsten und spektakuläre Panoramastraßen haben die Grafschaften Kerry und Cork als „Irische Riviera" bekannt gemacht. Den städtischen Kontrast zu dieser Landschaftsidylle bietet Irlands drittgrößte Stadt Cork.

Südosten

42   **Alles außer Rummel und Radau**
Der sanfte Südosten der Insel besitzt große Verführungskraft. Wer kann schon dem Charme alter Wikingerstädte, grandioser Gärten, herrlicher Strände und der berühmtesten Klostersiedlung des Landes widerstehen?

52   **Straßenkarte**
53   **Infos & Empfehlungen**

BEST OF …

UNSERE FAVORITEN

20   **Die ungewöhnlichsten Unterkünfte**
Schöner schlafen bedeutet mehr als vier Wände und ein Bett. Einige besondere Angebote.

50   **Die schönsten Gärten**
Auf der Karte der schönsten Gärten der Welt verdient Irland eine besondere Markierung.

80   **Die tollsten Festivals**
Ein Blick auf den irischen Festkalender zeigt: Der ist übervoll!

INHALT
4 – 5

86 Herrlich auch für Radler und Wanderer: Achill Island

Nordirland

100 **Nordirlands neues Leben**
Was einst einen Bürgerkrieg auslöste, bekommt in Friedenszeiten seinen Reiz: very british und doch irisch. Nordirland vereint das Beste beider Nationen.

DUMONT THEMA
110 **Küste im Kochtopf**
Einst Arme-Leute-Essen, stehen Algen heute auf den Speisekarten irischer Sternerestaurants.

112 **Straßenkarte**
113 **Infos & Empfehlungen**

Anhang

116 **Service – Daten und Fakten**
121 **Register, Impressum**
122 **Lieferbare Ausgaben**

DUMONT THEMA
66 **Bei Iren daheim**
Bed & Breakfast gehört zu Irland wie das Kleeblatt. Ein Besuch im Hafenort Baltimore bei Sandra und Ronnie Carthy.

74 **Straßenkarte**
71 **Infos & Empfehlungen**

Am Shannon River

74 **Ab durch Irlands Mitte**
Eine Fahrt auf und entlang dem Shannon gleicht einer Reise durch Herz und Historie der grünen Insel, vorbei an Klosteranlagen, Burgen und Schlössern.

82 **Straßenkarte**
83 **Infos & Empfehlungen**

Westen

86 **Wild at heart**
Wo die Einsamkeit groß und das Grollen des Atlantiks nah ist, schlägt das Herz des irischen Westens. Seine Natur birgt für Viele Suchtpotenzial, seine Städte feiern Kunst und Kultur.

DUMONT THEMA
94 **Irland baut sich ab**
Irische Torfstecher verheizen ihr Land im heimischen Herd. Das hat Folgen für die Umwelt und spaltet die Gesellschaft.

96 **Straßenkarte**
97 **Infos & Empfehlungen**

DuMont Aktiv

Genießen Erleben Erfahren

41 **Rock 'n' Radeln**
Radtour durch die Stadt zu den wichtigsten Stationen der Bandgeschichte von U2.

55 **Tausche Lenkrad gegen Zügel**
Von irischer Pferdeliebe kann man sich auf einer Planwagenfahrt anstecken lassen.

73 **Hinaus aufs Meer**
Kleine Häfen, versteckte Buchten und Meeresarme für Segler.

85 **Im Paddelparadies**
Shannon-Erkundungen.

99 **Komm herein!**
Ein „erholsamer Hügel" für eine andere Art von Urlaub.

115 **Im Königreich Narnia**
Unterwegs in den Mourne Mountains.

Topziele

Die bedeutendsten Sehenswürdigkeiten Irlands und Erlebnisse, die keinesfalls versäumt werden sollten, sind auf dieser Seite zusammengetragen. Auf den Infoseiten sind sie jeweils als **TOPZIEL** *gekennzeichnet*

KULTUR

① National Museum Archaeology in Dublin: Hier wird die Entwicklung Irlands in eindrucksvoller Weise dokumentiert. **Seite 40**

② Newgrange, Knowth und Dowth: Das über 5000 Jahre alte Ganggrab von Newgrange ist Teil einer Landschaft voll prähistorischer Monumente. **Seite 41**

③ Monasterboice, Glendalough und Clonmacnoise: Bis heute sind Irlands frühere Klostersiedlungen große Anziehungspunkte. **Seite 41, 53 und 84**

④ Rock of Cashel: Das frühere Machtzentrum von Politik und Religion thront imposant auf einem Kalkfelsen. **Seite 55**

ERLEBEN

⑤ Skellig Michael: Eine Tour zur einstigen Mönchsinsel zählt zu den ganz besonderen Erlebnissen. **Seite 73**

⑥ Fastnet Rock: Oft begleiten Delfine, manchmal sogar Wale die Ausflugsboote zu Irlands höchstem Leuchtturm auf seinem Felsen. **Seite 72**

⑦ Kilcullen's Seaweed Bath: In den hübschen alten Badehäusern von Ennniscrone aalen sich die Gäste in Algen. **Seite 98**

NATUR

⑧ Shannon Callows: Das einzigartige Ökosystem am Shannon River beeindruckt mit einer ungeheuer vielfaltigen Flora und Fauna. **Seite 84**

⑨ Cliffs of Slieve League, Cliffs of Croaghaun und Cliffs of Moher: Einige der spektakulärsten Steilküsten Europas versammeln sich im irischen Westen. **Seite 97, 98 und 99**

⑩ Connemara: Eine wildromantische Landschaft mit Hochmooren, steilen Küsten, schroffen Felshängen und Bergseen **Seite 98**

⑪ Giant's Causeway: Ein Vulkanausbruch schuf dieses geologische Wunder aus 40 000 Basaltsäulen. **Seite 115**

Felsenfest schön

Geformt von Wind und Wellen, geprägt durch jahrtausendealte Geschichte und gewärmt von der Herzlichkeit seiner Menschen – das ist Irland. Das Land der Regenbögen und sagenhaften Grüntöne, der Mythen, Torffeuer und der riesigen Klippen, die sich dem brausenden Atlantik so mächtig entgegenstemmen wie die Cliffs of Moher.

Filmreife Landschaft

Irland begeistert mit seiner vielfältigen Natur. Feinsandige Strände wechseln mit schroffen Klippen und fjordähnlichen Buchten. Im milden Südwesten wiegen sich Palmen in sanften Brisen. Auf windgebürsteten Hochplateaus wuchern Heidekraut und Stechginster. Kein Wunder, dass Irlands spektakuläre Landschaften Filmregisseure anlocken. So wurde die Dark Hedges genannte Allee in Ballymoney zur Kulisse für die Fantasy-Fernsehserie „Game of Thrones".

Sláinte! Zum Wohl!

Pubs gehören zu Irland wie Wiesen, Whiskey und St. Patrick. Als Zentrum der irischen Geselligkeit spielt sich im Public House traditionell das soziale Leben ab. Hier trifft man Freunde, musiziert, lauscht den Geschichtenerzählern, und auch den neuesten Klatsch aus der Nachbarschaft gibt es gratis zum Guinness. Alle Bevölkerungsschichten und Altersgruppen, Einheimische und Touristen mischen sich hier, und wenn am warm glänzenden Holztresen eine heimelige Atmosphäre aufkommt, weiß man, warum Pubs die verlängerten Wohnzimmer der Iren genannt werden („The Skeffington Arms" in Galway).

Kurs auf die Zukunft

Irland rast. Binnen weniger Jahre wurde aus dem großen Dorf Dublin eine multikulturelle Metropole. Alt und Neu liegen hier dicht beieinander. Besonders schön spiegelt sich der spannende Kontrast zwischen Tradition und Moderne in der Architektur: Die Samuel Beckett Bridge in Dublin hat die Form einer Harfe – das uralte Wahrzeichen Irlands.

Auf die Plätze, Dublin, los!

Klein, aber oho. Dublin hat alles, was eine Stadt für Touristen attraktiv macht, und im Szeneviertel Temple Bar ist garantiert immer etwas los. Nach erfolgreicher Sanierung bildet das alte Handwerkerquartier den Mittelpunkt des Dubliner Nachtlebens mit Galerien, Kinos, flippigen Läden und der höchsten Pubdichte der Stadt.

Kleine Insel, große Geschichte

In Irland wandelt man überall auf den Spuren der Vergangenheit. Ganggräber, Klosterruinen, Rundtürme und Burgen erzählen von prähistorischen Siedlern, feindlichen Wikingern und englischen Normannen. Näher als beim Erklimmen der tausend Jahre alten Stufen, die Mönche in den Felsen von Skellig Michael geschlagen haben, kann man der Geschichte frühchristlicher Eremiten nicht kommen.

UNSERE FAVORITEN

Die ungewöhnlichsten Unterkünfte

Schöner schlafen

Darf es mehr sein als vier Wände und ein Bett? Wer keine Lust auf 08/15-Unterkünfte hat, in denen die immer gleichen Möbelmodule, Minibars und Raumspray-Düfte auf einen lauern, der findet in unserer Rankingliste ganz besondere Refugien. Aber Vorsicht: Sie verderben einem für alle Zeit die herkömmlichen Hotels.

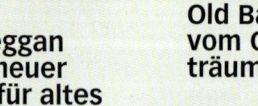

② Corcreggan Mill – neuer Glanz für altes Eisen

③ Conroy's Old Bar – vom Guinness träumen

④ Bubble Domes – Dome sweet Dome

① Batty Langley Lodge – nicht nur Fassade

Anfang des 18. Jahrhunderts hatte sich der Politiker William Conolly eines der imposantesten irischen Landhäuser bauen lassen – Castletown House. Der heute als Museum und kulturellen Veranstaltungen dienende Bau wurde im repräsentativen italienisch-palladianischen Stil errichtet. Nur das Torwärter-Cottage an der Ostseite des Anwesens schien allzu schlicht geraten. Inspiriert durch einen Entwurf des für seine neugotischen Entwürfe bekannten Architekten Batty Langley, verpasste man der Frontfassade nachträglich einen Hauch Gotik und nannte das Haus fortan **Batty Langley Lodge.** Außen hui, innen noch viel besser: dunkle Holzdielen, Kamin, elegante Möbel, voll ausgestattete Küche und einen herrlichen Blick über den Liffey River.

Batty Langley Lodge, Leixlip, Co. Dublin, Tel. 01 670 47 33, www.irishlandmark.com/property/batty-langley-lodge

Im ersten Leben waren sie auf See oder auf Schienen im Einsatz. Heute machen sie eine neue Karriere – ein Fischkutter und 150 Jahre alte Eisenbahnwaggons. Brendan Rohan betrieb das B & B **Corcreggan Mill** bereits in einer restaurierten Mühle, als ihm die Idee zu diesen Schlafstätten kam. Fünf Schlafwagen und eine Honeymoon-Suite im Kutter transportieren seine Gäste durch traumhafte Nächte.

Corcreggan Mill, Dunfanaghy, Co. Donegal, Tel. 074 913 64 09, www.corcreggan.com

Hochglanzpolierter Holztresen, Barhocker, offener Kamin und Dart-Scheiben – so kommen typisch irische Dorfkneipen daher. Alkohol schenkt im **Conroy's** aber niemand mehr aus. Stattdessen macht sich im Bierkeller ein King-Size-Bett breit, hinter der Bar verbirgt sich eine komplette Küche, und wo einst die Einzelsäuferkoje (Snug) war, wurde ein gemütliches Doppelzimmer eingerichtet. Viel Spaß beim Breakfast am Tresen!

Conroy's Old Bar, Aglish, Roscrea, Co. Tipperary, Tel. 086 367 06 77, www.conroysoldbar.com

Wie gigantische Seifenblasen liegen die **Bubble Domes** in einem Waldstück unweit des Seeufers. Unter ihrer transparenten Hülle machen es sich die Gäste im komfortablen Doppelbett bequem, sind der Natur ganz nah, Wind und Wetter aber nicht ausgesetzt. Garantierte Sternen-Shows sind nicht inbegriffen, wohl aber flauschige Bademäntel und Frühstück. Bad und WC befinden sich im blickdichten Teil der futuristisch anmutenden Kugeln.

Bubble Domes, 41 Letter Road, Aghnablaney, Enniskillen, Co. Fermanagh, Tel. 028 68 38 03 60, www.finnlough.com

⑤ Wicklow Head Lighthouse – der Heimleuchter

109 Stufen führen in das oberste Stockwerk des **Wicklow Head Lighthouse,** wo die gemütliche Küche und ein sagenhafter Blick auf die Irische See für die Anstrengung des Aufstiegs belohnen. Viele Jahrzehnte wies der 1781 erbaute Leuchtturm Seefahrern den Weg. Heute können seine Gäste bei Meeresrauschen einschlafen und sich von Möwenlachen wecken lassen.

Wicklow Head Lighthouse, Dunbur Head, Co. Wicklow, Tel. 01 670 4733, www.irishlandmark.com/property/wicklow-head-lighthouse

⑥ Helen's Tower – mit Burgherrn-Blick

In solchen Türmen harren eingesperrte Prinzessinnen auf ihre heldenhaften Retter. Eine steinerne Wendeltreppe führt durch die Gemächer von **Helen's Tower** bis hinauf zur Spitze. Von dort oben reicht der Blick an klaren Tagen bis zu den Ufern Schottlands. Das märchenhafte Flair des Gemäuers wird im Inneren durch holzgetäfelte Wände, königsblaue Tapeten und goldgerahmte Spiegel verstärkt. Im obersten Stockwerk schmücken eingravierte Gedichte den Poetry-Room, darunter auch Verse der im London des 19. Jahrhunderts sehr geschätzten Autorin Helen Selina Blackwood, Baronin Dufferin. Dieser großen Freundin Irlands zu Ehren, erhielt der 1848 von Ihrem Sohn in den Wäldern von Clandeboye Estate errichtete Turm seinen Namen.

Helen's Tower, Bangor, Co. Down, Tel. 01 670 47 33, www.irishlandmark.com/property/helens-tower

⑦ Martello Tower Sutton – gut geschützt

Aus Sorge vor einer französischen Invasion wurden entlang der irischen Küste **Martello Towers** erbaut. Gut 200 Jahre später dient nur noch der Martello Tower Sutton unweit von Dublin der Verteidigung. Er hält die Hektik der Welt draußen, damit seine Gäste ungestörte Ferien genießen können. Wo einst Munitions- und Lebensmittelvorräte lagerten, lebt es sich nun luxuriös. Geblieben ist der großartige 360-Grad-Blick auf die Bucht von Dublin.

Martello Tower, Red Rock, Sutton, Co. Dublin, Tel. 086 164 26 71, www.martellotowersutton.com

⑧ Ashford Castle – im Reich der Reichen

Was im 13. Jahrhundert als kleiner Wehrturm begann, wuchs zu einem imposanten 5-Sterne-Schlosshotel samt Golfplatz, Reitstall und Falknerei heran. Auch die Guinness-Familie fand Gefallen an Mahagoni, Marmor und Murano-Leuchtern und nutzte **Ashford Castle** bis 1939 als Sommerresidenz. Später beeindruckte das Anwesen am Ufer von Lough Corrib so berühmte Gäste wie Ronald Reagan, John Wayne und Brad Pitt mit Opulenz und altehrwürdigem Charme. Mittlerweile darf sich jedermann diesen Luxus leisten.

Ashford Castle, Cong, Co. Mayo, Tel. 094 954 60 03, www.ashfordcastle.com

Die Stadt der Städte

Dublin hält mehr Überraschungen bereit als das irische Wetter, denn seit dem großen Finanzcrash ist in Irlands Hauptstadt nur der Wandel konstant. Der hat Dublin allerdings zu einer der spannendsten Kulturmetropolen Europas gemacht. Hier trifft der alte Charme von Pubs und Kopfsteinpflaster auf moderne Architektur, schicke Clubs, erstklassige Museen und nicht zuletzt – auf veganes Guinness.

Entspannung, Freizeit und Musikgenuss in der als Irish Music Pub ausgezeichneten „Temple Bar" mitten im gleichnamigen Stadtbezirk, der seinen Ruf als angesagtes Ausgehrevier pflegt

Dublin ist in Feierlaune. Auf der Grafton Street kommen Passanten nur langsam voran. Eine Menschentraube hat sich auf der schicken Shoppingmeile gebildet und klatscht zu den karibischen Rhythmen eines Limbo-Tänzers. Nur wenige Meter weiter stiehlt ihm schon der Straßenmusiker Cezar die Show mit einer geradezu Gänsehaut verursachenden Version von Leonard Cohens „Halleluja". In Temple Bar, dem kulturellen Herzstück und angesagtesten Viertel der Hauptstadt, füllt sich der Meeting House Square zur abendlichen Open-Air-Kinovorstellung, und im rappelvollen „Porterhouse" prosten sich Gäste auf mehreren Etagen mit den selbst gebrauten Bieren des Pubs zu – der Name ist hier Programm.

Draußen nieselt es jetzt ein wenig. „Na und? Wenn dir das Wetter nicht gefällt, warte einfach fünf Minuten", raten die Dubliner ihren Besuchern. Eine Stadt, in der so ausgelassen gefeiert und selbst dem häufig schlechten Wetter mit geradezu chronischer Heiterkeit begegnet wird, ist es unbedingt wert, entdeckt zu werden.

„Dieses Irland gibt es. Und sollte man dorthin reisen und es nicht finden, dann hat man nicht gut genug hingeschaut."

Hugo Hamilton, irischer Schiftsteller

Das Erbe der Eroberer

Davon sind auch die harmlosen Wikingerhorden überzeugt, die heutzutage mehrmals am Tag in grellgelben Amphibienfahrzeugen durch die Innenstadt brausen. Mit Hörnerhelmen und heftigem Gebrüll gehen die großen und kleinen Teilnehmer der Viking Splash Tours zu Lande und zu Wasser auf Entdeckungs-

Die O'Connell Bridge überspannt seit 1882 den Liffey (oben). „Gravitiy Bar" im Guinness Storehouse (Mitte). Die 200-jährige Halfpenny Bridge war einst mautpflichtig (unten)

DUBLIN UND UMGEBUNG
24 – 25

Die das moderne Dublin spiegelnde Samuel Beckett Bridge verbindet seit 2009 den Süden der Stadt mit den Docklands im Norden. Sie erinnert an eine Harfe, ein in Irland sehr geschätztes Instrument (oben). Des modernen Dublins Stolz ist das 2010 eröffnetete Bord Gáis Energy Theatre, benannt nach dem irischen Gasversorger (unten)

Im Stadtbezirk Temple Bar ist rund um die seit 160 Jahren geöffnete gleichnamige Kneipe die höchste Pub-Dichte Dublins zu finden

> Wer weder durch Butter noch Whiskey geheilt wird, hat keine Heilung zu erwarten.
>
> Irisches Sprichwort

reise durch die Stadt, die ihre Gründung den Nordmännern verdankt.

Im frühen 9. Jahrhundert gelangten die ersten blauäugigen Hünen mit ihren schnellen Drachenbooten auch an die irische Küste und errichteten genau dort einen Stützpunkt, wo der River Poddle in einen dunklen, schlammigen Teich – auf gälisch „Dubh Linn" genannt – mündete. Nach einigen Jahrzehnten exzessiver Plünderungen, von denen vor allem die wohlhabenden Klöster betroffen waren, wurden die Nordmänner regelrecht heimisch. Sie brachten den eingesessenen Kelten den Städtebau bei und kurbelten zudem mächtig die Wirtschaft an. Bis nach Russland, Bagdad und Byzanz reichten schließlich ihre Handelsbeziehungen.

Wer sich die exzellente Wikingerausstellung im Dubliner Nationalmuseum anschaut, erkennt: Mit den skandinavischen Seekriegern kam die Zivilisation ins moderne Irland, und spätestens beim Blick auf die seinerzeit liebevoll für ein Wikingerkind gefertigten Stiefelchen, korrigiert jeder seine Vorstellung von ungehobelten Barbaren.

Die Wandelbare

Die Chance, im Rückblick ähnliche Beliebtheit zu erlangen wie die Wikinger, haben die Briten während ihrer beinahe 800 Jahre dauernden Herrschaft über Irland langfristig verspielt. Die steinernen Statthalter der anglo-irischen Geschichte bestimmen jedoch bis heute die Schönheit von Dublins Straßen – auch wenn die Iren den Wert der architektonischen Zeugen dieser langen Zeit selbst nicht so recht erkannten und für viel zu viel Kahlschlag sorgten. Dennoch, es ist einiges geblieben: Breite Alleen, repräsentative Parks und Monumentalbauten wie Custom House und Four Courts beeindrucken jeden Besucher. Richtig in Szene gesetzt wird die Grandeur alter Architektur aber erst, wenn die Backsteinfassaden der ältesten georgianischen Stadtpaläste in der Henrietta Street im Schein gusseiserner Lampen rostrote Schatten auf regenfeuchtes Kopfsteinpflaster werfen.

Wenige Straßen weiter hat die alte Welt Platz gemacht für Design-Outlets, Fashion-Coiffeure, angesagte Nachtclubs und Restaurants, in denen statt deftiger irischer Hausmannskost Lammburger de luxe oder Lachstatar mit Scampi und Granatapfelsplitter serviert werden. Sogar veganes Bier von Guinness ist neuerdings zu haben, nachdem bei der Produktion dieses Traditionsgetränkes auf den bis dahin üblichen Einsatz von Fischblasen bei der Filtration verzichtet wird.

1780 wurde Jameson Whiskey in Dublin gegründet. Heute kann man im Gründungshaus in der Bow Street nur noch die Schaubrennereien von Old Jameson besichtigen (oben links und rechts)

Als Hauptrepräsentant der irischen Schriftsteller- und Dichterszene war James Joyce allemal das Standbild in der Earl Street North wert, das zu den Fixpunkten eines literarischen Dublin-Rundgangs gehört

In einer 300-jährigen Umgebung hat das „Café En Seine" in der Dawson Street sein stilvolles Domizil

Auf die Zeit der Stadtgründung geht Dublin Castle zurück. Aus dem Mittelalter stammt der 1226 erbaute Record Tower (oben rechts). Zum Innenhof hin ausgerichtet ist die vom Bedford Tower aus dem 18. Jahrhundert überragte Castle Hall (oben)

Zu den interessantesten Bauten der alten Universität Trinity College gehört die bis 1743 erbaute Old Library, die bald drei Millionen Bücher ihr Eigen nennt

Die bis 1922 in Edwardian Baroque errichteten Government Buildings an der Merrion Street sind Sitz des Premierministers, des Finanzministeriums und des Büros des irischen Generalstaatsanwalts. Am 17. März werden sie zu Ehren des irischen Nationalheiligen St. Patrick grün beleuchtet

Dynamik statt Depression

Dublins erfolgreicher Wandel verblüfft. Nach der ökonomischen Achterbahnfahrt der letzten Jahre erzielt Irland mittlerweile die höchsten Wachstumsraten in Europa – der keltische Tiger imponiert als keltischer Phönix. Selbst dem Votum der Briten für einen Austritt ihres Landes aus der Europäischen Union versucht man in Dublin etwas Positives abzugewinnen und hofft sehr, London als Bankenplatz ablösen zu können. Ein neues Finanzzentrum aus funkelnd grünem Glas steht am Nordufer der Liffey schon bereit und erhöht die Chancen, global agierende Unternehmen nach Dublin zu locken.

Nebenan balancieren aufregende Appartement- und Bürohäuser auf Stelzen über dem alten Hafenbecken der Docklands. Wo einst Arbeiterkaschemmen, Kais und Kräne verfielen, bringen schicke Hotels, Restaurants und das bis 2010 vom US-amerikanischen Stararchitekten Daniel Libeskind entworfene Grand Canal Theater Weltstadtflair nach Dublin.

Aufbruchstimmung allerorten. Mehr als 40 Prozent der Dubliner sind unter 30 Jahren und viele davon gut gebildet. Mit frischen Ideen, Elan und Optimismus erfinden sie ihre Stadt gerade neu. Vor der wirtschaftlichen kam jedoch die kulturelle Renaissance. Schon während der Krise übernahmen Künstlerkollektive alte Lagerhallen, Garagen und geschlossene Kaufhäuser, und auch das alte Arbeiterviertel Stoneybatter im traditionell ärmeren Nordteil der Stadt wird von Architekten, Designern und jungen Filmemachern als noch vergleichsweise günstiges Pflaster entdeckt und neu belebt.

Stadt der Pubs und Poeten

Für Kreative, vor allem für Schriftsteller, war Dublin zu allen Zeiten ein gutes Pflaster, da hier das Leben offener ist als auf dem noch von mancher Konvention eingeengten Land. Was nach Ansicht der in Dublin geborenen Schriftstellerin

Zum St. Patrick's Day gehören offizielle Umzüge mit der Dublin Fire Brigade Pipe Band, stilgerecht angeführt vom Maskottchen der Feuerwehrleute, einem Irischen Wolfshund (links unten), aber auch spontane Auftritte und Gäste aus aller Welt

Seit den 1970er-Jahren wird „Paddy's Day" auch in Irland mit Paraden gefeiert – eine irische Form des Karneval

St. Patrick's Day ist ein Familienfest für Groß und Klein gleichermaßen

> **Grün ist die Farbe des St. Patrick's Day – nicht nur in Irland, sondern rund um den Globus überall dort, wo bis heute Iren leben.**

Anne Enright aber auch daran liegt, dass schlaue Leute in anderen Städten Geld machen wollen, während „die klugen Leute in Dublin nach Hause gehen, um Bücher zu schreiben". Kann sein. Es hat schon seinen Grund, warum Irlands Hauptstadt im Jahr 2010 von der UNESCO zur City of Literature ernannt wurde.

Früher aber pflegten Dublins Literaten auf dem Heimweg noch einen kürzeren oder längeren Zwischenstopp im Pub einzulegen, oder sie nahmen ihre Schreibmaschine gleich mit ins „Davy Byrne's", ins „Mulligan's", „Toner's" oder „McDaid's". Alles lauter Pubs, die wie wunderbare kleine Zeitmaschinen funktionieren. Biergetränkte Tresen, ölige Tapeten, rissige Barhocker und Wirte, die das Zapfen des Guinness' zu einer einzigartigen Kunst entwickelt haben. Hier haben schon Genies wie George Bernard Shaw, Samuel Beckett, Oscar Wilde und natürlich James Joyce im Guinness-Dunst gesessen, geschrieben, gestritten, Dublin verflucht oder gepriesen, so wie Brendan Behan. Der 1964 mit nur 41 Jahren verstorbene Dramatiker war für seine Verdienste um die gälischsprachige Literatur und für seine Saufgelage bekannt. Der „berüchtigte Trinker mit einem Schreibproblem" hielt Dublin für „die Stadt der Städte, nicht zu schlagen, wenn das Wetter einigermaßen schön ist".

Strand in Sicht

Wie man dieses „einigermaßen" interpretiert, hängt von der eigenen Sturm- und Regentauglichkeit ab. Sicher aber ist, dass Dublin im Sonnenschein so frisch und blitzendblau leuchtet wie die Wicklow Mountains, die sich am Ende langer Straßen über den Hausdächern erheben, oder wie das Meer, das direkt vor der Stadt wartet. Dublin ist eine der am schönsten gelegenen Städte Europas – im Halbkreis schmiegt sie sich um eine breite Bucht an die Irische See. In nur wenigen Minuten bringen einen die Züge der DART (Dublin Area Rapid Train) zur Küstenwanderung auf die gebirgige Halbinsel Howth mit ihren steilen Klippen und dem verträumten Hafen oder fahren weiter gen Süden entlang der mit goldenen Sandstränden gespickten Küste, einer Art irischer Riviera. Keine 30 Minuten von Dublins Zentrum entfernt, kann man in Dún Laoghaire segeln gehen oder beim Beobachten von Delfinen, Seerobben und Schweinswalen dem Ausdruck „having a Whale of a Time" auf die Spur kommen.

Ein größeres Rätsel als solche Redensarten birgt jedoch das nördlich von Dublin gelegene Boyne Valley.

Bereits seit 1868 donnern Galopprennen über den spätsommerlichen Strand von Laytown, etwa eine Autostunde nördlich von Dublin gelegen

Mysterien und Monumente

Eine Reise in dieses beschauliche Tal ist eine Reise zu den geheimnisumwitterten Anfängen der irischen Nation. Die ersten Siedler, die über den Boyne-Fluss hochfuhren, Gemeinschaften gründeten und auf dem fruchtbaren Boden Ackerbau betrieben, hinterließen der Nachwelt eine Fülle von Monumenten, darunter die Megalithfriedhöfe Dowth, Knowth und Newgrange – der Star unter den Ganggräbern des Boyne Valley. Erbaut um 3200 vor Beginn unserer Zeitrechnung ist Newgrange einige Hundert Jahre älter als die ägyptischen Pyramiden oder das legendäre Stonehenge und doch ein Meisterwerk der Ingenieurskunst. Als wäre das Bauwerk selbst nicht schon beeindruckend genug, steigt die ganz große Show jedes Jahr zur Wintersonnenwende. Denn Irlands Altvordere waren auch talentierte Zeitmesser. Wenn am 21. Dezember die Sonne aufgeht, schießt ein Lichtstrahl durch eine genial angebrachte Öffnung über dem Grabeingang und flutet die ganze Kammer mit orangefarbenem Glanz. War Newgrange vielleicht das erste Sonnenobservatorium der Welt? Wer diese spektakuläre Illumination selbst erleben möchte, kann an einer Lotterie teilnehmen, auf Losglück und gutes Wetter hoffen.

Forty Foot Pool

Irlands Kultbad

Special

Nur wenige Kilometer südlich von Dublin lockt der Forty Foot Pool alle, die keine Lust auf Wasserrutschen-Spaßbäder haben, zum Kältetest ins Meer.

Im Winter nehmen Profi-Schwimmer zwei Thermoskannen mit. Eine gefüllt mit heißem Tee, die andere mit warmem Wasser, das sie sich über ihre gerötete Gänsehaut schütten, nachdem sie aus der eiskalten Irischen See gestiegen sind. „Bei 14 Grad im Sommer ist es nur halb so schön", sind sich die abgehärteten Stammbadegäste einig. Seit mehr als zweihundert Jahren ist das von Felsplateaus umrahmte Meerbecken im Küstenort Sandycove bei den Einheimischen beliebt. Lange frönten hier die Mitglieder des „Gentlemen's Swimming Club" exklusiv dem Freikörperkult. Dann, in den 1970er-Jahren, eroberten sich auch Frauen das Bad. Seitdem ist zwar Badekleidung Pflicht, aber Forty Foot steht allen offen und pflegt seinen Kultstatus, zu dem auch die Erwähnung des Bades in James Joyce's Roman „Ulysses" beigetragen hat.

DUBLIN UND UMGEBUNG

Howth Head bildet das Nordende der Dubliner Bucht. Seit 1814 weist das Baily Lighthouse Schiffen den Weg in die Hauptstadt

Newgrange's Eingang in die Unterwelt (links oben). Das frühere Kloster Monasterboice ist für seine herrlich gestalteten Hochkreuze bekannt (links unten)

Der riesige grasbedeckte Grabhügel von Newgrange hat seine Geheimnisse bis heute weitgehend für sich behalten

DUMONT THEMA

NATIONALSPORT

Hart, härter, Hurling

Wer Irland verstehen will, muss mindestens einmal ins Stadion – zum Hurling. Ein knallharter, kräftezehrender und blitzschneller Sport, der so viel mehr ist als nur ein Spiel. Hurling ist der Klebstoff aus Schweiß und Stolz, der das Land zusammenhält.

Die Begeisterung für Hurling haben in Irland schon die Kleinsten im Blut

„Hurling ist ein gefährliches Spiel." So ehrfürchtig urteilte einer, der das Risiko für Nasenbeinbrüche und Gehirnerschütterungen zuverlässig einschätzen konnte – die Boxlegende Muhammad Ali. Auch Zuschauer ohne Nahkampferfahrung können die wichtigsten Grundregeln des irischen Nationalsports auf Anhieb erkennen: Überleben – und zugleich mit einem tennisballgroßen Lederball Tore schießen. 15 Spieler sind es pro Team, jeder mit einem Schläger aus Eschenholz bewaffnet, eben dem Hurley. Mit ihm dreschen sie den Ball in den unteren Bereich des wie ein H gestalteten Tors (3 Punkte) oder feuern ihn über die Querlatte zwischen die beiden verlängerten Pfosten in den oberen Bereich (1 Punkt). Kantige Schultern rammen in Rippen, dreckverkrustete Beine schlagen Haken, Helme und Hurleys knallen gegeneinander. „The Clash of the Ash", das Krachen der Eschen, wird das Spiel auch genannt. Hurling ist eine wilde Mischung aus Hockey, Rugby, Baseball, Keulenschwingen und Eierlaufen.

Spielen allein für die Ehre

Bis zu 150 Stundenkilometer schnell fegt der Ball über das Feld. Im Vergleich dazu ähneln gewöhnliche Fußballspiele Zeitlupen-Aufführungen vom Seniorenturnen. Hurling ist nicht nur das schnellste, sondern auch das älteste Mannschaftsballspiel der Welt. Schon im 14. Jahrhundert vor Christi Geburt sollen Krieger als Aufwärmübung vor dem eigentlichen Kampf eine Runde Hurling gespielt haben.

Die heutige Popularität als Nationalsport geht auf die Gründung der Gaelic Athletic Association (GAA) im Jahr 1884 zurück – nachdem sich die englischen Besatzer über die Jahrhunderte immer wieder bemühten, diese nationale Eigenart zu verbieten. Mit der Förderung typisch irischer Sportarten wie Gaelic Football, Irish Handball, Rounders, Hurling und Camogie (die Frauen-Variante des Hurling-Spiels mit 12 Spielerinnen pro Mannschaft) zielte die GAA darauf ab, den kulturellen Einfluss der britischen Kolonialmacht zurückzudrängen. Mission geglückt: Die Iren

Hurling ist ab der ersten Spielsekunde ein rasantes Ereignis. Für Mädchen und Frauen wurde „Camogie", eine spezielle Hurling-Variante, entwickelt.

wachsen mit dem Hurley in der Hand auf und trainieren ausschließlich für Vaterland und Ehre. Selbst die größten Hurling-Stars bleiben Amateure, die ihren Lebensunterhalt als Bäcker, Buchhalter oder Ingenieur verdienen. Nur wer in die Politik will, kann versuchen, sich durch seine Erfolge auf dem Rasen für ein entsprechendes Amt zu empfehlen. Als erfolgreiches Beispiel hierfür wird gern der 1960er-Jahre-Premierminister Jack Lynch genannt, der in seinen jüngeren Jahren Kapitän des Teams der Cork Glen Rovers war.

Ein Spiel, das die Herzen wärmt

Im Hurling ist ganz Irland geeint – gesellschaftlich wie politisch, denn um die irischen Meisterschaften bewerben sich Auswahlteams aller 32 Counties, 26 aus der Republik und sechs aus der britischen Provinz Nordirland. Am Tag des Finales pilgern dann mehr als 80 000 Begeisterte in Dublins monumentalen Croke Park, der legendären Stätte des irischen Sports. Die Stehplatzgalerie „Hill 16" wurde aus Trümmerschutt errichtet, der vom anti-britischen Osteraufstand des Jahres 1916 übriggeblieben war, und die Haupttribüne, der „Hogan Stand", trägt den Namen des damaligen Kapitäns der Mannschaft aus Tipperary, Michael Hogan, den die Engländer am „Blutigen Sonntag" 1920 in eben jenem Stadion zusammen mit 13 Zuschauern erschossen. Die Arznei, mit der man die geschundenen irischen Herzen heilt, heißt Hurling, und ihre Wirkstoffe sind „Pride and Passion" – Stolz und Leidenschaft.

Informationen

Die **Hurling-Saison** läuft von Mai bis September. Das **All-Ireland-Finale** findet stets am ersten September-Sonntag im Dubliner Croke Park statt. Spielpläne, Tabellen und weitere **Informationen** sind im Internet verfügbar unter www.gaa.ie und www.crokepark.ie.

Im zum Dubliner Croke Park gehörenden GAA Museum erfährt man alles über Hurling – von den Anfängen bis zur Gegenwart. Und natürlich werden auch imposante Siegerpokale ausgestellt.

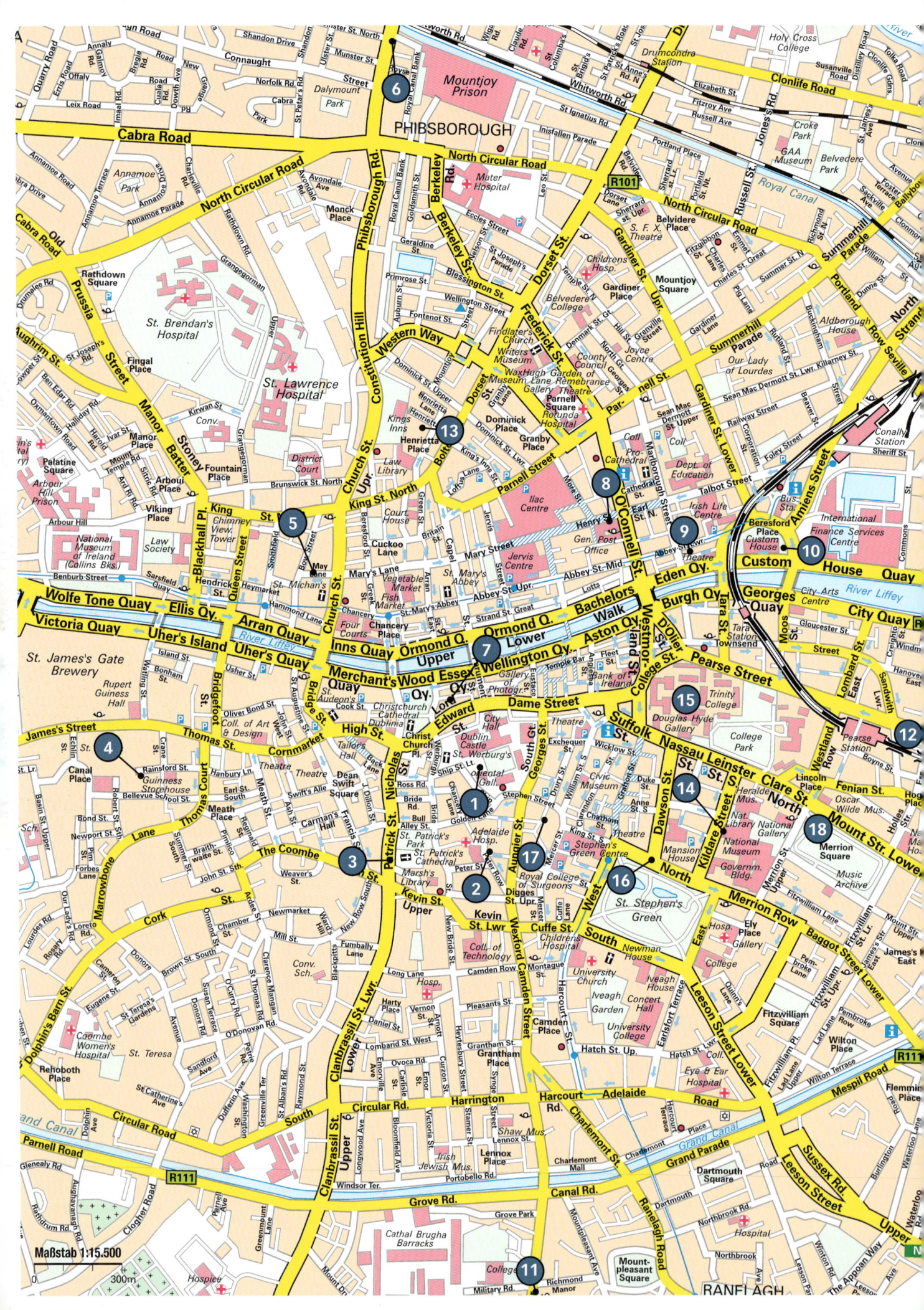

Früher Wikinger, heute Hipster

Modern, kosmopolitisch und dennoch traditionsbewusst – das neue alte Dublin blickt stolz auf eine über tausendjährige Geschichte. Betagt sind aber nur die Gemäuer der Stadt, das Leben darin ist jung und stets im Umbruch. Es lässt sich gut leben in Dublin, immer mit einer Meeresbrise um die Nase und Möwenlachen im Ohr.

● Allgemein

Seit mehr als 1000 Jahren wird in Dublin (554 000 Einw.) Politik gemacht, von Kelten, deren Siedlung bereits den Römern bekannt war, Wikingern, Normannen, Engländern und Iren. Heute leben im Großraum der Hauptstadt Irlands etwa 1,3 Mio. Menschen und damit fast jeder vierte Einw. der Republik. Dublin ist zudem auch das kulturelle und ökonomische Zentrum der Insel; hier haben u. a. Google, Microsoft, Facebook, PayPal, Yahoo und Twitter ihre Europa-Hauptquartiere.

INFORMATION
Visit Dublin Centre, 25 Suffolk Street, Dublin 2, Tel. 01 850 23 03 30, www.visitdublin.com
Weitere Büros am Flughafen, in der 14 Upper O'Connell Street und am Fährhafen von Dun Laoghaire

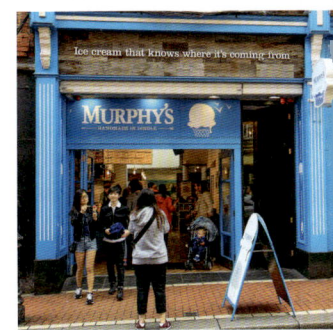

Typisch georgianische Stadthäuser am Merrion Square (links und rechts oben). Murphy's Eisdiele in Dublin (rechts unten)

● Sehenswert

SÜDLICH DES FLUSSES LIFFEY
Das 1592 gegründete ⓯ **Trinity College** lockt Besucher mit kostbaren mittelalterlichen Handschriften, allen voran dem Book of Kells, in seine Old Library (www.tcd.ie, www.bookofkells.ie; Mai–Sept. Mo.–Sa. 8.30–17.00, So. 9.30–17.00, sonst Mo.–Sa. 9.30–17.00, So. 12.00–16.30 Uhr). Zwischen der Universität Trinity College und dem Stadtpark St. Stephen's Green (19. Jh.) sind insbesondere das ⓮ **Leinster House** (1745; Sitz des irischen Parlaments) und die georgianischen Bauten (18. Jh.) um den ⓲ **Merrion Square** sehenswert. Auf dem Cork Hill thront seit dem 13. Jh. ❶ **Dublin Castle** (Umbauten 17.–19. Jh.) samt Bermingham Tower und Royal Chapel (www.dublincastle.ie; tgl. 9.45–17.45 Uhr). Nördl. schließt sich die von einer Kuppel gekrönte, 1769 als Börse errichtete **City Hall** an, deren Multimediaausstellung Schlüsselmomente der Stadtgeschichte präsentiert (www.dublincity.ie/dublincityhall; Mo.–Fr. 10.00–17.30, Sa. u. So. 12.00 bis 17.30 Uhr).

NÖRDLICH DES FLUSSES LIFFEY
Das ❽ **General Post Office** war Schauplatz des Osteraufstandes von 1916; die angeschlossene Ausstellung **GPO Witness History** informiert über die Geschichte des Putsches und Irlands Weg in die Unabhängigkeit (Lower O'Connell Street, www.gpowitnesshistory.ie; Mo.–Sa. 9.00–17.30, Sa. und So. 10.00–17.30 Uhr). Ganz in der Nähe streckt sich seit 2003 der stadtbildbeherrschende Edelstahlturm **Spire** 120 m in die Höhe.
Direkt am Liffey River liegt das mit Arkaden und Säulen geschmückte frühere Hauptzollamt ❿ **Custom House** (18. Jh.). Das nahe **Famine Memorial** (1997) ist eine Arbeit von Rowan Gillespie; seine spindeldürren Figuren mit den sterbenden Augen sind den 2,5 Mio. Iren gewidmet, die in den Jahren von 1845 bis 1849 verhungerten oder zur Emigration gezwungen waren. Einer riesigen Stadt aus keltischen Grabkreuzen, Marmorengeln und Obelisken gleicht der irische Nationalfriedhof ❻ **Glasnevin Cemetery & Museum** (www.glasnevintrust.ie; tgl. 9.00–18.00 Uhr). Die Anlage geht im Norden in die herrlichen **National Botanic Gardens** über (www.botanicgardens.ie; März–Okt. Mo.–Fr. 9.00–17.00, Sa. und So. 10.00–18.00 Uhr, im Winter kürzer).

Tipp

Ungewöhnlich lecker

Es gibt wohl nichts, was den Brüdern Seán und Kieran Murphy nicht in die Eistüte kommen könnte. Die Kunden stehen Schlange für ihre delikaten Kugeln, die nach Meersalz, Lebkuchen, Lavendel oder nach Guinness schmecken. Unbedingt probieren: Silky Smooth Chocolate und Pink Peppercorn Ice Cream.

INFORMATION
Murphy's Ice Cream, 27 Wicklow Street, Dublin 2, www.murphysicecream.ie; tgl. 12.00–22.00 Uhr. Außer in Dublin gibt es Filialen in Dingle, Killarney, Kilkenny und Galway.

INFOS & EMPFEHLUNGEN

KIRCHEN

An der einstigen Wirkungsstätte von Irlands Nationalheiligem wurde ab 1191 die im 19. Jh. neugotisch umgestaltete ❸ **St. Patrick's Cathedral** erbaut; deren berühmter Dekan, der Schriftsteller und Satiriker Jonathan Swift (1667–1745; u.a. „Gullivers Reisen") ruht hier neben seiner Gefährtin „Stella" (Patrick's Close, www.stpatrickscathedral.ie; Kernöffnungszeit tgl. 9.30–17.00, im Winter So. bis 14.30 Uhr). In einem Schrein der ❷ **Whitefriar Street Church** (19. Jh.) werden die Reliquien des hl. Valentin, des Patrons aller Liebenden, aufbewahrt (56 Aungier Street, www.whitefriarstreetchurch.ie; Mo.–Fr. 8.00–18.00, So. 8.00 bis 19.30 Uhr).

Die trockene und methanhaltige Luft in der Krypta von ❺ **St. Michan's Church** (um 1670) konserviert ein Dutzend Leichname; die erschreckend gut erhaltenen Körper sollen Bram Stoker zu seinem Dracula-Roman inspiriert haben (Church Street, www.cccgroup.dublin.anglican.org/Christ_Church_Cathedral_Group/St._Michans.html; Mo.–Fr. 10.00–12.45 und 14.00–16.30, Sa. 10.00–12.45 Uhr, im Winter kürzer).

● Museen

Die Stadt besitzt eine Vielzahl besuchenswerter Museen. Die Entwicklung des Landes über das Mittelalter hinaus und einschließlich der berühmten Moorleichen aus keltischer Zeit wird im ⓮ **National Museum Archaeology TOPZIEL** dokumentiert (Kildare Street, www.museum.ie; Di.–Sa. 10.00–17.00, So. 14.00 bis

> **Tipp**
>
> ## Im Galopp gegen die Flut
>
> Seit 1868 findet im Sept. das legendäre **Laytown Strand Race** statt. Tausende Zuschauer strömen dann in den kleinen Küstenort Laytown (46 km nördl. von Dublin) in der Grafschaft Meath, um dem europaweit einzigen offiziellen Pferderennen beizuwohnen, das an einem Strand ausgetragen wird.
>
> **INFORMATION**
> www.laytownstrandraces.ie

17.00 Uhr). Das ⓰ **Little Museum of Dublin** setzt auf brillante Geschichtenerzähler statt Audioguide; die charmanten Führungen durch die einzigartige Sammlung zur Geschichte der Stadt im 20. Jh. trugen dem Museum den Europäischen Kulturpreis ein (15 St. Stephen's Green, www.littlemuseum.ie; tgl. 9.30–17.00, Do. bis 19.00 Uhr). Highlight der Dauerausstellung über den Dichter und Schriftsteller William Butler Yeats (1865–1939) in der ⓮ **National**

Das Stephen's Green, 1988 größtes Einkaufszentrum Irlands (links). Süßer geht nicht: das Café Queen of Tarts (rechts unten). Bar und Hostel „Oliver St. John Gogarty" in Temple Bar (rechts oben)

Library sind die Tonaufnahmen von Sinéad O'Connor, die Gedichte des Nobelpreisträgers liest (Kildare Street, www.nli.ie; Mo. und Mi. 9.30–19.45, Di., Do.–Sa. 9.30–16.45, So. 13.00 bis 16.45 Uhr).

Erst georgianischer Stadtpalast, dann elende Mietkaserne für hunderte Menschen – das 2018 eröffnete ⓭ **Tenement Museum** gewährt tiefe Einblicke in 300 Jahre Stadtgeschichte (14 Henrietta Street, geführte Touren zur vollen Stunde, Mi.–Sa. 10.00–16.00, So. 12.00–16.00 Uhr). Weltruf genießt die orientalische Kunstsammlung in der ❶ **Chester Beatty Library** (Dublin Castle, www.cbl.ie; März–Okt. Mo.–Fr. 10.00–17.00, Sa. 11.00 bis 17.00, So. 13.00–17.00, Nov.–Feb. Di.–Fr. 10.00–17.00 Uhr). Seit 1759 hat die Traditionsbrauerei ihre Heimat im ❹ **Guinness Storehouse** und füllt im angeschlossenen Museum sieben Etagen mit seiner Geschichte (St. James's Gate, www.guinness-storehouse.com; tgl. 9.30–19.00, Juli/Aug. tgl. 9.30–20.00 Uhr).

● Unterhaltung

EINKAUFEN

Schmuck, Skulpturen und ausgefallene Kleidung findet man Sa. im Stadtteil Temple Bar auf dem ❼ **Cow's Lane Market**. Statt Fillialen internationaler Ketten sind ein paar Straßen weiter westl. in die niedrigen Backsteinbauten der ⓱ **Drury Street** kleine Läden eingezogen, die alles von Schuhen über Schokolade bis zu irischer Handwerkskunst im Angebot haben. **Celtic Note** im Schatten des Trinity College ist ein guter Fundort für irische Musik von Beoga bis U2 (12 Nassau Street). Zitronenseife ist für James-Joyce-Fans ein Must-Have-Mitbringsel, das man noch immer – ein paar Schritte weiter – in der literarisch verewigten **Sweny's Pharmacy** kaufen kann (1 Lincoln Place, www.sweny.ie).

STADTFÜHRUNGEN

Le Cool führt zu den Hot Spots der Stadt. Ohne festes Programm. Es geht immer dorthin, wo gerade etwas los ist – zu Performances, schrägen Shops und Sehenswürdigkeiten der anderen Art (www.lecoolwalkdublin.tumblr.com). Sie sei die einzige Tour, bei der Gehirnzellen gleichzeitig ertränkt und ersetzt werden, heißt es von der **literarischen Pub-Führung**. (www.dublinpubcrawl.com).

● Kultur

THEATER UND MUSIK

Das ❾ **Abbey Theatre**, Irlands Nationaltheater, wurde 1904 von W. B. Yeats und Lady A. Gregory gegründet (26/27 Lower Abbey Street, www.abbeytheatre.ie, Tel. 01 878 72 22). Dublins neueste, von Stararchitekt Daniel Libeskind entworfene Spielstätte, das ⓬ **Bord Gáis Energy Theatre**, hat internationales Schauspiel, Oper, Ballett und auch Broadway-Produktionen im Programm (Grand Canal Square, www.bordgaisenergytheatre.ie, Tel. 01 677 77 70). 2017 wurde das einst größte Kino Irlands wieder zum Leben erweckt – ⓫ **The Stella Theatre – Kino & Cocktail Bar** (207-209 Rathmines Road Lower, www.stellatheatre.ie, Tel. 01 496 70 14)

EVENTS

Zum **St. Patrick's Festival** im März wird ganz Dublin grün (www.stpatricksfestival.ie), wandelt zum **Bloomsday** am 16. Juni dann auf James-Joyce-Spuren (www.bloomsdayfestival.ie) und öffnet im Okt. zum Architekturfestival **Open House Dublin** die Türen zu interessanten Bauwerken, die dem Publikum sonst verschlossen bleiben (www.openhousedublin.com).

● Hotels & Restaurants

HOTELS

Das Luxushotel €€€€ **The Marker** ist eine weitere Attraktion im renovierten Hafenviertel (Grand Canal Square, Dublin 2, Tel. 01 687 51 00, www.themarkerhoteldublin.com).

Mit wunderschön dekorierten Zimmern über einem viktorianischen Pub bietet das €€€/€€ **O'Neills Townhouse** mitten in Dublin eine Hotelalternative (36/37 Pearse Street, Dublin 2, Tel. 01 671 40 74, www.oneillsdublin.com). Ein B & B der besten Sorte findet man in Teresa Muldoons € **Oaklodge** im Ballsbridge-Viertel (4 Pembroke Park, Ballsbridge, Dublin 4, Tel. 01 660 60 96, www.oaklodge.ie).

RESTAURANTS UND CAFÉS
Im früheren Leben war €€€/€€ **The Church** eine protestantische Kirche, in der Arthur Guinness geheiratet und Händel Orgel gespielt hat; heute ist hier das Dubliner Nachtleben – Pub, Restaurant und Nachtclub – eingezogen (Ecke Mary/Jervis Street, Dublin 1, Tel. 01 828 01 02, www.the church.ie). So wie im €€/€ **Catch 22** müssen Muscheln, Seehecht und Fischpasteten schmecken (32 Clarendon Street, Dublin 2, Tel. 01 441 44 25, www.catch-22.ie). Mittags gilt, do as the locals do und esse im exzellenten indisch-nepalesischen Restaurant €€/€ **Diwali** (Castle House, South Great Georges Street, Tel. 01 475 00 91, www.divali.ie). Die 2018 eröffnete Brasserie € **The Ivy** bietet kulinarische Highlights vom Frühstück über den Afternoon Tea bis zum Dinner (13-17 Dawson Street, Dublin 2, Tel. 01 695 07 44, www.theivydublin.com).

PUBS
Folkfans aus aller Welt treffen sich allabendlich zu den Live-Sessions im **Brazen Head,** das sich rühmt, Dublins älteste Kneipe zu sein (20 Lower Bridge Street, Dublin 8, Tel. 01 677 95 49, www.brazenhead.com). Die „Dubliners" starteten ihre Karriere in der populären Kneipe **O'Donoghue's,** noch immer ein Mekka irischer Musik (15 Merrion Row, Dublin 2, Tel. 01 660 71 94, www.odonoghues.ie). Das **Ryan's** ist einer der letzten echten Pubs mit museumswürdigem Mobiliar aus Mahagoniholz (28 Parkgate Street, Dublin 8, Tel. 01 677 60 97, www.fxbuck ley.ie/ryans-victorian-pub).

● Umgebung

Flanieren am Pier von **Dún Laoghaire** (südl., s. Karte S. 52), Segeln vor der **Halbinsel Howth** (nördl.), Sonnenbaden am Sandstrand oder auf Entdeckungstour durch die mittelalterlichen Gassen von **Dalkey** (südl.) – Dublins nahe Küste bietet zahlreiche Ausflugsmöglichkeiten. Kulturliebhaber finden ihr Eldorado nur eine knappe Stunde Fahrzeit von Dublin entfernt im Herzen der Grafschaft Meath; dort erhebt sich im Boyne-Tal ein Trio neolithischer Grabanlagen – **Newgrange, Knowth** und **Dowth** TOPZIEL, errichtet vor rund 5000 Jahren und damit älter als Stonehenge und die ägyptischen Pyramiden (The Brú na Bóinne Visitors Centre, www.newgrange.com; wechselnde Öffnungszeiten). Inmitten eines Friedhofs liegen die Überreste des im 6. Jh. gegründeten Klosters **Monasterboice** TOPZIEL (1097 aufgegeben; nördl. Drogheda), bekannt für den Rundturm.

DUBLIN UND UMGEBUNG

Genießen Erleben **Erfahren**

Rock 'n' Radeln

DuMont Aktiv

Dublin ist die Heimat von Irlands bedeutendster Rockband U2. Der frühere Musikredakteur und U2-Kenner Julian Vignoles führt auf einer Radtour durch die Stadt zu den wichtigsten Stationen der Bandgeschichte.

„Viel Geld mit Schlagzeug verschwendet. Wem mit Gitarre geht es ebenso?", stand auf dem Zettel, den der 14-jährige Larry Mullen 1976 ans Schwarze Brett seiner Schule heftete, um Mitglieder für eine Rockband zu finden. Es meldeten sich Paul David Hewson (Bono), David Howell Evans (The Edge) und Adam Clayton – der Rest ist Rockgeschichte. Wie sehr der Sound der vier Dubliner Jungs von ihrer Heimatstadt beeinflusst wurde, weiß der ehemalige Musikjournalist und Radioproduzent Julian Vignoles. In seinen Anekdoten und Geschichten über persönliche Begegnungen mit Irlands bedeutendster Rockband lebt das Dublin der 1980er- und 1990er-Jahre wieder auf. Für den Linksverkehr instruiert und bestückt mit Helmen und blauen Schutzwesten, entdecken die Teilnehmer während der gut zweistündigen Radtour die Orte von Schulniederlagen, ersten Auftritten, Albumaufnahmen und Videodrehs. Angesteuert werden auch der Hörgeräteladen „Bonavox" in der North Earl Street, dem Bono die Idee für seinen Künstlernamen verdankt, und das noble Hotel „The Clarence", Besitz von Bono und Gitarrist The Edge. Sollten U2 in Dublin sein, stehen die Chancen, die Band in der hoteleigenen „Octagon Bar" zu treffen, nicht schlecht, meint Vignoles.

Damit die Teilnehmer seiner Tour auch ein möglichst umfassendes Bild von Dublin erhalten, stoppt er auch an Highlights wie Dublin Castle, St. Patrick's Cathedral und natürlich an der Traditionsbrauerei Guinness.

Informationen

See Dublin by Bike hat außer der U2-Tour weitere Sightseeing- und Themenführungen im Programm. Treffpunkte, Preise und Anmeldungen unter www.seedublinbybike.ie.

Alles außer Rummel und Radau

Wenn sich die Liebhaber der wilden irischen Westküste in einen Reisezielkonflikt stürzen und sich schließlich für den sanften Südosten der Insel entscheiden, liegt ein schwerer Fall von Verführungskraft vor. Wer aber widersteht auch schon dem Charme alter Wikingerstädte, grandioser Gärten, endloser Strände und der berühmtesten Klostersiedlung des Landes?

Lismore Castle, am Blackwater River gelegen, geht auf das 12. Jahrhundert zurück, erhielt sein heutiges Aussehen allerdings in den 1840er- und 1850er-Jahren

Clissmann Horse Caravans bieten eine gemütliche Möglichkeit, die Grafschaft Wicklow zu erobern

Wer etwas über Arbeitstechniken und Trainingsmethoden erfahren will, kann an Michael Crowes Kursen teilnehmen oder seinen täglichen Vorführungen im Russborough House bei Blessington zuschauen

im Glendalough-Tal breiten sich die Bauten der gleichnamigen Klostersiedlung aus. Die umliegenden Wicklow Mountains waren einst unzugänglich und Rückzugsort vieler Freiheitskämpfer

Schafhunde

Schneller Hüter

Wo Schafe grasen, da sind Border Collies nie weit. Die Hütehunde gehören zum irischen Landleben wie Wiesen, Whiskey und Torffeuer.

Nicht auszuhalten. Da erklärt Herrchen seinen Besuchern in aller Ausführlichkeit, warum er welche Schafe züchtet, während der wahre Schafexperte schon die ganze Zeit auf seinen Einsatz wartet. Je länger Michael Crowe redet, desto heftiger zuckt die Energie durch den Körper seiner Hündin Flash. Der Border Collie hat die Schafherde am Ende des Feldes schon längst ausgemacht. Jetzt trippelt Flash auf der Stelle, dreht den Kopf immer wieder in Michaels Richtung, bis der endlich das Kommando gibt. Flash macht ihrem Namen alle Ehre und schießt blitzschnell los, aber ein einziger Pfiff genügt, und der Usain Bolt unter den Hunden friert sofort in seiner Bewegung ein. „Come bye", ruft Michael und Flash holt wieder in weitem Bogen aus, um die Schafe im Uhrzeigersinn zu umkreisen. Als sei sie auf der Pirsch, rast sie tief geduckt, in einer Art Kriechgang um die Herde. „Away to me", „Lie down", „Stand" schallt es über das Feld und die wartende, kreisende, mal von rechts, mal von links heranpreschende Flash dirigiert die hoppelnde Herde in Richtung ihres Herrchens. Farmer Crowe arbeitet seit seiner Jugend mit Hütehunden. Er erklärt, dass die Kombination aus wölfischem Urtrieb und fast planvoller Umsicht die Border Collies zu ausgezeichneten Herdenhunden macht. Jahrzehntelang war oberstes Gebot zur Förderung ihrer angeborenen Intelligenz daher: „Brains before Beauty" – Verstand vor Schönheit. Die besten Collies beherrschen daher mehrere Hundert Befehle. Das erste und wichtigste Kommando, das ein Hund lernen muss, ist allerdings die sofortige Umkehr, erklärt Michael. Sonst treibt er die Schäfchen womöglich über die Klippe.

War der Sherry alle, war die Arbeit beendet. Ächzend entstieg Daniel Robertson seiner Schubkarre, klopfte sich Erde vom Anzug und schickte auch den armen Kerl, der ihn den ganzen Tag durch die Gegend geschoben hatte, endlich in den Feierabend.

Im Land von Guinness und Whiskey wäre das spleenige Verhalten Betrunkener eigentlich keiner Erwähnung wert. Mr. Robertson jedoch war ein angesehener britischer Architekt und Gartengestalter, und die Sherry-Schubkarren-Fahrten seine ureigene Methode, einen der heute schönsten irischen Schlossparks neu zu gestalten – die Gärten von Powerscourt. In Feldherrnmanier befahl Robertson aus seiner Karre heraus, wo ein Busch gepflanzt, ein Rasen geschnitten oder ein Springbrunnen errichtet werden sollte. Schwere Gichtanfälle sollen der Grund für Robertsons kuriose Arbeitsweise gewesen sein. Vermutlich liegen Genie und Irrsinn aber auch beim Gärtnern gelegentlich ganz dicht beieinander.

Das Erbe der Besatzer

Zusammen mit den anderen im 18. und 19. Jahrhundert angelegten Gärten anglo-irischer Adelsfamilien trug Powerscourt der Grafschaft Wicklow den Beinamen

„Garten Irlands" ein. Sie sind eine der angenehmeren Hinterlassenschaften der britischen Herrschaft, die es nicht gäbe, wenn seinerzeit die Wikinger geblieben wären. Für ihren grünen Daumen wurden die marodierenden Kerle, die Mitte des 9. Jahrhunderts in den Südosten Irlands einfielen, jedenfalls nicht gerühmt. Das irische Vermächtnis der Nordmänner sind die von ihnen gegründeten Städte wie Dublin, Wexford, Strangford, Carlingford und beinahe jeder andere Ort mit „ford" im Namen.

„Auf der ganzen weiten Welt gibt es kein so herrliches Tal."

Thomas Moore, irischer Dichter (1779–1852), über die Landschaft Wicklows

Hauptsitz der Wikinger war Waterford. Noch heute hat die an der Mündung des Flusses Suir gelegene Hafenstadt große Bedeutung als Tor zu Irlands ausgedehntem Flussnetz. Auch die Wikinger nutzen die Suir, um auf ihren Langschiffen rudernd ins Landesinnere zu gelangen und dort reiche Klöster zu plündern – im Jahr 842 Clonmacnoise beispielsweise, das sich bereits damals auch für seinen Wohlstand einen Namen gemacht hatte.

Die Stadt der Mönche

Ihre Raubzüge lösten einen Bauboom aus. Massive Rundtürme waren der große Renner der damaligen Verteidigungsarchitektur. Mit Eingängen, die unzugänglich zwei bis drei Meter über dem Boden lagen, dienten die Türme den Mönchen zugleich als Schatzkammer, Ausguck und als Rückzugsort bei Angriffen.

Auch in der Klosterstadt Glendalough steht ein weit sichtbarer Rundturm im Mittelpunkt. Eigentlich hatte sich der hl. Kevin das Tal im Herzen der Wicklow Mountains im 6. Jahrhundert wegen

In Piercetown südlich von Wexford (oben). In New Ross erinnert der Nachbau der „Dunbrody" an Auswandererzeiten (Mitte). In Dunmore East bei Waterford (unten)

Wo im 18. und 19. Jahrhundert die Segler aus Übersee anlegten, am Suir-River-Kai im Schatten von Waterfords Christ Church Cathedral, reihen sich heute die Schiffe der Freizeitkapitäne (oben). Der Copper Coast Geopark, von der UNESCO geadelt, erinnert an die historische Bergbauregion an der Küste südlich von Waterford (unten)

Kilkenny Castle hat seinen Ursprung in einer mittelalterlichen Festungsanlage. Über die Jahrhunderte in eine wohnliche Schlossanlage umgestaltet, erhielt der Bau im 19. Jahrhundert sein neugotisches Gepräge (oben). Als Rock of Cashel erhebt sich das frühere kulturelle und religiöse Zentrum über die umliegende Grafschaft Tipperary (unten)

Kilkenny Castle: In der Long Gallery reihen sich die Ahnen der Familie Butler, die hier sieben Jahrhunderte lang ihren Sitz hatte

Kilkenny besitzt einen gut erhaltenen und gepflegten mittelalterlichen Stadtkern mit hübschen Gässchen

Irland hat über vier Millionen Einwohner – weltweit soll es allerdings 80 Millionen Menschen mit irischen Wurzeln geben.

seiner Abgeschiedenheit gewählt, um sich dorthin als Einsiedler zurückzuziehen. Doch Kevin blieb nicht lang allein zu Haus. Tausende Mönche, Gelehrte und Studenten folgten ihm. Glendalough wuchs zu einem der bedeutendsten geistlichen Zentren des Frühmittelalters heran und gehört heute zu einer der größten Attraktionen Irlands.

Keinen Deut weniger beeindruckend zeigen sich die mythische Krönungsstätte keltisch-irischer Könige der Region Munster auf dem Rock of Cashel mit dem Ensemble kirchlicher Bauten und Ruinen oder der Blackwater River, den auf seinem Weg von den Höhen Kerrys bis zu seiner Mündung in die Keltische See östlich von Cork so prächtige Klöster, Schlösser und Herrenhäuser säumen, dass er auch der Irische Rhein genannt wird.

Die Wurzeln der Kennedys

Zu all den historischen Stätten des Südostens, zu seinen preisgekrönten Gärten, den fischreichen Flüssen, malerischen Küsten und Wanderparadiesen ist es von Dublin aus ein „Puddle Jump", nur einen Pfützen-Hüpfer entfernt, wie die Iren sagen. Auch die Stadt Kilkenny erreicht man in weniger als zwei Stunden. Heute für ihr mittelalterliches Flair gerühmt, war sie zur Zeit der britischen Herrschaft für ihre Apartheidpolitik gegenüber der irischen Bevölkerung berüchtigt. Aus Angst anglisierten viele Familien ihre gälischen Namen.

Auch aus den Ceinnedighs wurden so irgendwann Kennedys, und während Daniel Robertson in den Jahren der großen Hungersnot in seiner Schubkarre sitzend kostspielige Gärten entwarf und gestaltete, bestieg der arbeitslose Küfer Patrick Kennedy auf den Weg in ein erhofft besseres Leben im Hafen von Waterford ein Auswandererschiff nach Amerika – das war im Jahr 1848. Sein Ururenkel John F. Kennedy wurde der erste und bislang einzige US-Präsident katholischen Glaubens.

Aber er ist nicht der einzige US-Präsident mit irischen Wurzeln – die Nachkommen der in die Neue Welt ausgewanderten Iren sollen sich auf rund 36 Millionen Menschen summieren. So wundert es nicht, dass von den bislang 45 obersten Repräsentanten der Vereinigten Staaten eine stattliche Zahl familiäre Verbindungen auf die Grüne Insel haben – von Jackson und Roosevelt Nixon, Reagan bis Bill Clinton. Sogar Barack „O'Bamas" mütterliche Linie reicht zurück in die irischen Midlands, in den 300-Seelen-Ort Moneygall nordöstlich von Limerick.

UNSERE FAVORITEN

Die schönsten Gärten

Von Azalee bis Zauberglöckchen

Auf einer Landkarte der schönsten Gärten der Welt verdient Irland eine besondere Markierung. Gewärmt vom Golfstrom und gesegnet mit reichlich Regen konnten geniale Gärtner überall blühende Kunstwerke schaffen. Man kann mehrere Wochen mit der Entdeckung von Irlands wunderbarer Gartenwelt verbringen oder gleich die hier aufgelisteten Highlights bestaunen.

① The Ewe Experience – ein Wunderland

Mitten im Wald räkelt sich ein Nashorn im Bikini, ein Schwein genießt ein Schaumbad und Käfer fahren Rad. Willkommen im Garten Eden Irlands, so wird **The Ewe Experience** auch genannt. Ein Paradies samt Wasserfall und Wildblumen, das seine Schöpfer mit skurrilen Wesen aus ihrer Skulpturenwerkstatt bevölkert haben. Natur und Kunst verweben sich hier zu einer Landschaft aus Phantasien und echter Flora und Fauna.

The Ewe Experience, Glengarriff, Co. Cork, Tel. 027 6 38 40, www.theewe.com

② Hunting Brook Gardens – Flower Power

Jim Blake ist der Hippie unter Irlands Gärtnern. In seinen **Hunting Brook Gardens** wuchern gelbe Glocken-Primeln, pinkfarbenes Mädesüß und violetter Storchschnabel wild durcheinander. Für die kontrastreichen Pflanzenkombinationen experimentiert Blake mit Samen, die er von Reisen aus aller Welt mitbringt, und baut seine Gärten ganz in der Nähe von Dublin jedes Jahr komplett um.

Hunting Brook Garden, Lamb Hill, Blessington, Co. Wicklow, Tel. 087 285 66 01, www.huntingbrook.com

③ Mount Stewart Gardens – ein Lebenswerk

Das Mekka aller Pflanzenfreunde liegt am Ufer des Strangford Lough – **Mount Stewart Gardens.** Die Leidenschaft, mit der Lady Edith Londonderry einst in ihrem Garten experimentierte, spürt man bis heute. Die berühmteste Grünanlage Nordirlands begeistert mit der gesamten Bandbreite der Gartenbaukunst. Ungewöhnlich war Lady Ediths Vorliebe für exzentrische Statuen von Schnabeltieren, Meerjungfrauen und Dinosauriern, die sie im Schatten hoher Eukalyptusbäume aufstellen ließ.

Mount Stewart Gardens, Portaferry Road, Newtownards, Tel. 028 42 78 83 87, www.nationaltrust.org.uk

④ Mount Usher Gardens – der Gartenrebell

Zurück zur Natürlichkeit wollte der Botaniker William Robinson und entwickelte 1868 für seinen Auftraggeber Edward Walpole einen Gegenentwurf zum viktorianischen Gartenbaustil des 19. Jahrhunderts. Statt streng angelegter Beete und in Form gestutzter Büsche ließ er in **Mount Usher Gardens** 5000 verschiedene Baum- und Pflanzenarten aus aller Welt so anlegen, dass es fast wie Wildwuchs aussah. Rund 150 Jahre später haben Robinsons Baumexoten majestätische Größen erreicht. Seine Gärten auf acht Hektar beiderseits des Vartry River sind zu eindrucksvollen Bühnen für himbeerrote Azaleen und zartlila Hasenglöckchen geworden, für Riesenlilien und Rhododendren und für ein ganz besonderes Highlight – für die 70 Eukalyptussorten.

Mount Usher Gardens, Ashford, Co. Wicklow, Tel. 0404 4 96 72, www.mountushergardens.ie

5 National Botanic Gardens – die immergrüne Oase

Wem Dublins Großstadtstress zu nahe tritt, geht in den **National Botanic Gardens** auf erholsamen Abstand. In den über 200 Jahre alten Gärten werden 20 000 Pflanzen aus aller Welt und eine hektikfreie Atmosphäre kultiviert. Zu ihren Glanzpunkten gehören die Rosenrabatte und das Gewächshaus von Richard Turner, eine Kathedrale aus Glas und Gusseisen.

National Botanic Gardens, Botanic Road, Glasnevin, Dublin 9, Tel. 01 804 03 00 www.botanicgardens.ie

6 Ilnacullin – Irlands Insel Mainau

Gleich eine ganze Insel hat das britische Ehepaar Bryce ihrer Gartenkunst gewidmet. Mit viel Geld, einer Armee irischer Arbeiter und dem Landschaftsdesigner Harold Peto verwandelten sie den wilden, von Stechginster bedeckten Felsenbuckel **Ilnacullin** in ein Meisterwerk des Gartenbaus. Säulengänge, kleine Tempel und viele subtropischen Pflanzen locken seitdem Besucher in die Bucht von Bantry.

Ilnacullin – Garinish Island, Glengariff, Bantry, West Cork, Tel. 027 6 30 40 www.garinishisland.ie

7 Knockpatrick Gardens – ein blühendes Erbe

Tim und Helen O'Brien können zu jedem Baum und jedem Strauch lange Geschichten erzählen, denn in **Knockpatrick Gardens** knospt, blüht und rankt es seit fast 100 Jahren. Zu einer Zeit, in der sich eigentlich nur Reiche den Luxus lauschiger Gärten leisten konnten, begann Tims Vater, ein Farmer und echter Pflanzenbegeisterter, ungewöhnliche Blumen und Bäume zu sammeln. Palmen, Bambusse, Zedern und Magnolien, Ahorn, Hortensien und viele Sorten von Baumfarnen und Gräsern kamen zusammen. Seine Erben halten das entstandene Paradies tatkräftig in Ehren und genießen den Blick auf die Mündung des Shannon River.

Knockpatrick Gardens, Knockpatrick, Foynes, Co. Limerick, Tel. 069 6 52 56, https://knockpatrickgardens.wordpress.com

8 Lambs Cross Garden – mit Alpenflair

Der schönste Platz im Dubliner Vorort Sandyford ist leicht zu finden – einfach immer in Richtung summender Bienen, zwitschernder Vögel und duftender Rosen. Die warten im Lambs Cross Garden, wo Patricia und Michael Maguire seit 1989 ihre Leidenschaft fürs Gärtnern ausleben. Zu bewundern gibt es während des ganzen Jahres etwas, auch weil ein Schwerpunkt auf robusten, winterharten Gebirgspflanzen liegt.

Lambs Cross Garden, 3 Hillcrest Downs, Lambs Cross, Sandyford, Dublin 18, Tel. 01 295 73 13, www.dublingardens.com

Glaube, Gärten und viel Geschichte

Die sonnigste Region Irlands glänzt nicht allein mit ihren grandiosen Gärten. Der Südosten wartet mit bedeutenden Zeugnissen der frühen Christenheit auf, mit mächtigen Burgen, fabelhaften Stränden und den Wikingerstädten Wexford und Waterford. Wanderer zieht es in die Wicklow Mountains, Liebhaber von Kunst und Kunsthandwerk nach Kilkenny.

❶ Enniskerry

Der hübsche Ort (1800 Einw.) bildet einen idealen Ausgangspunkt für Ausflüge zum Powerscourt Estate und nach Glendalough.

SEHENSWERT
Das 1731 im palladianischen Stil erbaute **Powerscourt House** beherbergt im Erdgeschoss neben einer Ausstellung auch einige Geschäfte, ein Restaurant und ein Café. Die 20 ha großen Gartenanlagen vor der Kulisse des Sugarloaf Mountain gelten als eine der schönsten Europas (www.powerscourt.com; Haus So. ganzjährig, Mo. Mai–Sept. 9.30–13.30, Gärten Sommer tgl. 9.30–17.30, Winter 9.30 Uhr bis Einbruch der Dunkelheit). Hier stürzt auch Irlands größter Wasserfall 121 m in die Tiefe. (Mai–Aug. 9.30–19.00 Uhr, sonst kürzer).

AKTIVITÄTEN
Mit ihren von Eiszeitgletschern geformten Tälern, ihren Hochmooren und Wasserfällen sind die Wicklow Mountains ein ideales Wandergebiet. Wer den 127 km langen **Wicklow Trail** unter die Füße nimmt, kann etwa sieben Tage unterwegs sein (www.wicklowway.com).

HOTEL UND RESTAURANT
Mit Herzlichkeit und Charme bewirten Josie und Noel Corcoran die Gäste ihres viktorianischen € **Ferndale House** im Zentrum von Enniskerry (Church Hill, Tel. 01 286 3518, www.ferndalehouse.com).
Seit Jahrzehnten ist das € **Poppies** für tolle Pasteten und beste Backwaren bekannt (The Square, Tel. 01 282 88 69, www.poppies.ie). Als Meister der dünnen und knusprigen Pizzas erweisen sich die Betreiber von € **Emilia's** (Main Street, Tel. 01 276 18 34).

VERANSTALTUNGEN
Während des **Wicklow Gardens Festival** von Ostern bis Sept. öffnen viele sonst rein private Gärten ihre Pforten (www.visitwicklow.ie).

UMGEBUNG
In **Glendalough** TOPZIEL, dem Tal der zwei Seen, errichtete der hl. Kevin im 6. Jh. eine der größten christlichen Siedlungen des Frühmittelalters. Um den gut 30 m hohen Rundturm konzentrieren sich die beeindruckendsten Bauwerke der einstigen Klosteranlage (Besucherzentrum, Tel. 0404 4 53 52, www.glendalough.ie; Mitte März–Mitte Okt. tgl. 9.30–18.00, sonst tgl. 9.30–17.00 Uhr).
Etwas weiter östl. ist bei Annamoe **Russborough House** zu finden, wo Michael Crowe über Schäferhunde informiert (Tel. 087 814 13 91, www.irishworkingsheepdogs.com).

INFORMATION
Wicklow County Tourism Ltd., Wicklow Enterprise Park, The Murrough, Wicklow Town, Tel. 0404 2 00 70, www.visitwicklow.ie

❷ Wexford

Der Hauptort (19 900 Einw.) der gleichnamigen Grafschaft ist eine gemütliche Kleinstadt an der Mündung des Slaney mit farbenfrohen Fassaden und vielen Pubs.

Harmonisch in die umgebende Landschaft eingefügt: Powerscourt Garden (links und rechts oben). Schäferhundvorführung beim Russborough House (rechts unten)

SEHENSWERT
Auf eine unvergessliche Reise durch 9000 Jahre Geschichte begeben sich Besucher des Freilichtmuseums **The Irish National Heritage Park** anhand der Nachbildungen von Steinzeitdörfern, mittelalterlichen Klöstern oder normannischen Burgen (Ferrycarrig, www.inhp.com; Mai–Aug. tgl. 9.30–18.30, sonst tgl. 9.30–17.30 Uhr).

AKTIVITÄTEN
Wexford Walking Tours hat interessante Führungen durch die Stadtgeschichte im Programm (Tel. 086 107 94 97, www.wexfordwalkingtours.net). In den Marschlandschaften des **Wexford Wildfowl Reserve** (5 km nordöstl. von Wexford) lassen sich Wildgänse und andere Watvögel beim Brüten und Überwintern beobachten (mit Besucherzentrum, www.wexfordwildfowlreserve.ie).

INFOS & EMPFEHLUNGEN

Tipp

Auf ein Bier beim Bestatter

Was für ein Versprechen: „We wine you, dine you and bury you." Bewirtet und beerdigt wird man also im **McCarthy's Pub**, erfreulicherweise jedoch nicht am selben Abend, denn auch hier trinken sich die Gäste nicht gleich unter die Erde. Im Falle eines Todesfalles sind Trauernde hier dennoch an der richtigen Adresse. Neben Pub und Restaurant betreibt die Familie auch ein Beerdigungsinstitut. Von der langen Geschichte des 1840 gegründeten Betriebes erzählt das unveränderte Interieur des Pubs: von Tabakrauch gebeizte Wände, matte Schwarzweißfotos und ein abgewetzter Tresen, an dem immer Guinness und manchmal auch Tränen fließen.

INFORMATION
McCarthy's, Main Street, Fethard, Co. Tipperary, Tel. 052 3 11 49, www.mccarthyshotel.net

HOTEL UND RESTAURANT

Komfortable Zimmer, hausgemachtes Frühstück und ein eigener Golfplatz erwarten die Gäste des €€ **B & B Killiane Castle** im Süden Wexfords (Drinagh, Tel. 053 915 88 85, www.killianecastle.com).
Gutes Essen und unwiderstehliche Desserts gibt es im € **Simon Lambert & Sons**; die Bierquelle liegt direkt unter dem Pub, in der hauseigenen Brauerei (37 South Main Street, Tel. 053 918 00 41, www.simonlambertandsons.ie).

VERANSTALTUNGEN

Im Okt. strömen Musikliebhaber zum dreiwöchigen **Opernfestival** nach Wexford, um eher selten gespielte Werke zu hören (Theatre Royal, 27 High Street, www.wexfordopera.com).

UMGEBUNG

Den südlichsten Zipfel der Grafschaft krönt seit rund 800 Jahren **Hook Lighthouse**, einer der ältesten Leuchttürme der Welt (wechselnde Öffnungszeiten, www.heritage.ie).

INFORMATION

Wexford Tourist Office, The Quay Front, Wexford Town, Co. Wexford, Tel. 053 912 31 11, www.visitwexford.ie

❸ Waterford

Auch rund 1150 Jahre nach ihrer Gründung durch die Wikinger behauptet Waterford (46 700 Einw.) weiter seine Stellung als Haupthafen und Handelszentrum im Südosten Irlands.

SEHENSWERT

Die **Stadtmauer**, von Wikingern im 9. Jh. begonnen und den Normannen erweitert, ist hervorragend erhalten. Ein Überrest, der **Reginald's Tower**, beherbergt das **Civic Museum** mit Stadtgeschichte (www.waterfordtreasures.com; Juni–Aug. Mo.–Sa. 9.15–18.00, So. 11.00 bis 18.00, Sept.–Mai jeweils bis 17 Uhr.). Freunde des Morbiden können sich in der **Christ Church Cathedral** (18. Jh.) an einem Memento mori aus dem 15. Jh. erfreuen: einer realistischen Darstellung eines halbverwesten Leichnams, bedeckt mit Würmern und Fröschen (Cathedral Square, www.christchurchwaterford.com).
Die Glasmanufaktur **Waterford Crystal** produziert im Stadtzentrum in Handarbeit Edelgläser und bietet Fabrikführungen an (The Mall, www.waterfordvisitorcentre.com).

HOTEL UND RESTAURANT

Am Fluss Suir und unweit des Stadtzentrums liegt das € **Waterford Marina Hotel** (Canada Street, Tel. 051 85 66 00, www.waterfordmarinahotel.com).
Im €€ **L'Atmosphere** genießen die Gäste irische Zutaten in französischen Gerichten (19 Henrietta Street, Tel. 051 85 84 26, www.restaurant-latmosphere.com).

UMGEBUNG

Südl. von New Ross erinnern ein **Museum und der Memorial Forest** daran, dass die Familie des US-Präsidenten John F. Kennedy aus Dunganstown, County Wexford, stammt (www.kennedyhomestead.ie).

INFORMATION

Discover Ireland Centre, 120 Parade Quay, Waterford, Co. Waterford, Tel. 051 87 58 23, www.discoverireland.ie

❹ Kilkenny

Die am besten erhaltene mittelalterliche Stadt Irlands (24 400 Einw.) liegt am Westufer des Flusses Nore, eingerahmt von ihren Wahrzeichen – Kilkenny Castle und der Kathedrale.

SEHENSWERT

Aus dem Holzturm, den der Anglonormanne Richard Strongbow 1172 errichten ließ, wurde ab dem 13. Jh. das trutzige **Kilkenny Castle** (The Parade, www.kilkennycastle.ie; April–Sept. tgl. 9.30–17.30 Uhr, sonst kürzer). In den umgebauten Ställen der Burg haben Kunsthandwerker das Zentrum **Kilkenny Design Centre/National Craft Gallery** eingerichtet (www.kilkennydesign.com, www.nationalcraftgallery.ie).
Die hochgotische **St. Canice's Cathedral** (ab 13. Jh.) mit den herrlichen Glasfenstern gilt als Irlands zweitgrößte Kathedrale (The Close, Coach Road; www.stcanicescathedral.ie; Juni bis Aug. Mo.–Sa. 9.00–18.00, So. 13.00–18.00 Uhr, sonst eingeschränkt).
Franziskanermönche haben bereits im 13. Jh. in Kilkenny Bier gebraut. Die Smithwick-Brauerei führt diese Tradition bis heute fort; **Smithwick's Experience Kilkenny** weiht Besucher in Geschichte und Brauprozesse ein (Parliament Street, www.smithwicksexperience.com; März–Okt. tgl. 10.00–17.00 Uhr, sonst kürzer).

HOTEL UND RESTAURANT

Das € **Kilkenny Hotel** bietet unweit des Stadtzentrums auch Pool und Sauna (College Road, Tel. 056 776 20 00, www.hotelkilkenny.ie). Snacks, Selbstgebackenes, exzellente Menüs und beste Tee- und Kaffeesorten sind im € **Mocha's Vintage Tea Room & Restaurant** zu finden (4 Gas House Lane, Tel. 056 777 05 65).

Waterford Crystal, bekannt für seine handgearbeiteten Kristallglasprodukte (links). Rock of Cashel gehört zu den großen Sehenswürdigkeiten (rechts oben). In Kilkenny (rechts unten)

VERANSTALTUNG
Anf. Mai spüren Solisten und Bands auf dem **Kilkenny Rhythm & Roots Festival** ihren musikalischen Wurzeln nach (www.kilkennyroots.com).

UMGEBUNG
20 km südl. liegt **Jerpoint Abbey,** im 12. Jh. gegründet und schönstes Zisterzienserkloster des ganzen Landes mit allerfeinsten Steinmetzarbeiten (Thomastown, www.heritageireland.ie; März–Sept. tgl. 9.00–17.30 Uhr, sonst kürzer). Nahe der Jerpoint Abbey stießen Archäologen auf eine Sensation: das mutmaßliche Grab des hl. Nikolaus; Kreuzritter sollen die sterblichen Überreste des Bischofs von Myra aus Bari hierher gebracht haben (www.jerpointpark.com). 35 km südw. stehen auf **Ahennys** Friedhof eindrucksvolle schöne Hochkreuze (wohl 8. Jh.).

INFORMATION
Tourist Information, Shee Alms House, Rose Inn Street, Kilkenny, Co. Kilkenny, Tel. 056 775 15 00, www.discoverireland.ie

❺ Cashel

Die 4000 Einw. des historischen Städtchens halten für die Besucher des berühmten Rock of Cashel eine gute touristische Infrastruktur vor.

SEHENSWERT
Ein Ensemble aus mächtigen Mauern, kirchlichen Bauten und Ruinen macht den **Rock of Cashel TOPZIEL** zu einer der bedeutendsten Sehenswürdigkeiten Irlands. Ab dem 5. Jh. war er Sitz der Könige von Munster, die die gesamte Anlage 1101 der Kirche vermachten (www.cashel.ie; Juni–Sept. tgl. 9.00–19.00 Uhr, sonst kürzer). Neben preisgekrönten Tanz- und Musikshows bietet das Kulturzentrum **Brú Ború** auch eine Ausstellung zur Geschichte der irischen Folkloretradition (www.bruboru.ie).

HOTEL UND RESTAURANTS
Einige der geschmackvoll mit alten Möbeln eingerichteten Zimmer des €€/€ B & B **Ladyswell House** bieten Blick auf den Rock of Cashel (Ladyswell Street, Tel. 062 6 29 85, www.ladyswellhouse.com).
Während das Nobelrestaurant €€€ **Chez Hans** (Moor Lane, www.chezhans.net, Tel. 062 6 11 77) in einer ehem. Kirche schon lange zu den Gourmetklassikern der Region gehört, überzeugt nun auch der benachbarte Ableger €€ **Café Hans** (Tel. 062 6 36 60) mit feiner Bistroküche und einem exquisiten Weinangebot.

UMGEBUNG
Irlands spektakulärste Tropfsteinhöhle **Mitchelstown Caves** begeistert in Burncourt (40 km südw.) mit phantastischen Gesteinsformationen (www.mitchelstowncaves.com; Sommer tgl. 10.00–17.00 Uhr, Winter kürzer).

INFORMATION
Cashel Heritage Centre, Main Street, Cashel, Co. Tipperary, Tel. 062 6 13 33, www.cashel.ie

---

Genießen Erleben Erfahren

Tausche Lenkrad gegen Zügel

DuMont Aktiv

„Wenn Gott das Pferd nicht erfunden hätte, hätten wir das erledigt", behaupten die Iren. Von ihrer großen Pferdeliebe kann man sich auf einer Planwagenfahrt anstecken lassen.

Genug vom Gehetze, vom Alltagsgrau und Arbeitsstress? Dann raus aus unserer Welt der Einkaufszentren, Autobahnen und Lärmschutzwände und hinein in die irische Idylle. Statt Diesel im Tank braucht es bloß Kraftfutter im Eimer. Mit nur einer Pferdestärke geht es im Planwagen durch die Grafschaft Wicklow – den Garten Irlands. Der Gedanke an ein Pferd als Ferienpartner bringt die Hirnzellen von Stadtkindern trotzdem ganz schön auf Trab. Macht das Pferd, was man will? Bei Neasa Clissmann ist man auch ohne Vorkenntnisse willkommen. Auf ihre Gäste warten keine furiosen Araberhengste, sondern gutmütige Irish Cobs. Pferde dieser Rasse sind echte Profis – verkehrssicher, freundlich und zuverlässig. Der Mensch ist trotzdem gefordert. Die Pferde müssen gestriegelt, gefüttert, gelenkt, ein- und ausgespannt werden. Wie das richtig geht, zeigt Neasa ihren Gästen bei einer ausführlichen Einweisung.

Bis zu fünf Personen finden in den Pferdewagen Schlaf- und Kochgelegenheiten. Ausgestattet mit Routenvorschlägen und Kartenmaterial trottet das Gespann durch die Wälder des Wicklow Mountain National Park oder entlang der heideviolett en Küste von Brittas Bay. Bei diesem Programm kommen am Ende nur zwei unter die Räder – Hektik und Stress.

Informationen

Clissmann Horse Caravans, Cronybyrne, Rathdrum, Co. Wicklow, Tel. 0404 4 69 20, www.clissmannhorsecaravans.com

Familie Clissmann hält eine Liste mit Pubs, B & Bs und Farmen bereit, die auf Gäste mit Pferd und Wagen eingestellt sind.

Kein schöner Land

Mildes Klima, raue Küsten, Palmengärten und spektakuläre Panoramastraßen haben die Grafschaften Kerry und Cork als „Irische Riviera" bekannt gemacht. Den urbanen Kontrast zur Landschaftsidylle setzt Irlands drittgrößte Stadt Cork. Meerumtoste Höhepunkte aber sind die Skellig Islands – bei Mönchen einst ebenso beliebt wie bei Papageitauchern und Hollywood-Regisseuren heutzutage.

Cobh's Seaside wird von der katholischen Kathedrale überragt. Direkt am Kai liegt das ehemalige Hafenbüro mit der „Titanic Experience Cobh"

Ganze Schwiegermutter mit Kopf, küchenfertig ausgenommen nur 0,01 Euro/Kilo, steht auf dem Angebotsschild. Eisgekühlt liegt sie da, mit spitzen Zahnreihen im grotesk breiten Maul und einem deformiert wirkenden Körper, an dem lauter Knoten wuchern. Weil der Anblick des Seeteufels so furchterregend sei, habe er den Schwiegermutter-Spitznamen erhalten, erklärt Pat O'Connell. Darüber hat der Fischhändler sogar schon mit Queen Elizabeth gescherzt, als sie 2011 in Cork den English Market besuchte. Weil in der Zeit der britischen Kolonialherrschaft nur Händler zugelassen waren, die Englisch sprachen, trägt der 1788 eröffnete Markt diese Vorschrift schon gleich im Namen.

Wer heute durch die Markthallen bummelt, hört den entfernt ans Englische erinnernden Slang von West Cork. Hausfrauen fachsimpeln mit Metzgern über die Zubereitung der lokalen Spezialität Crubeens – gekochte Schweinefüße. Händler preisen Pasteten und handgemachte Rohmilchkäse, und Küchenchefs der besten Restaurants nutzen das üppige Angebot für die Wahl der feinsten Schellfischfilets. Hier wird Corks Ruf als Hochburg der Kulinarik begründet.

In „Rebel City" herrscht bis heute internationales Flair

Unter Rebellen

Hauptstadt der Herzen ist Cork ohnehin. Die Iren – zumindest alle Iren außerhalb Dublins – sprechen von Cork als „the real capital". Vor allem ihr kämpferisches Wesen hat Irlands zweitgrößter Stadt viele Sympathien eingebracht. Wann immer es Ärger gab auf der Insel, „Rebel City" mischte mit und war insbesondere im irischen Unabhängigkeitskrieg eine Hochburg des Widerstands. Auch hinsichtlich ihres Stadtbilds steht die Stadt am River Lee eher für das Ungeschliffene und Wilde. Moderne Stahl-

Cobh's Stadtbild wird seit den 1870er-Jahren von der neugotischen katholischen St. Colman's Cathedral dominiert

Die ganze Küste des County Cork ist für Seafood bekannt – auch Skibbereen (links). Die „Titanic"-Reederei White Star war ganz vorn mit dabei beim Wettrennen um die schnellste Überfahrt nach New York – damals nannte sich Cobh noch Queenstown (rechts)

Im einstigen Hafenbüro der White Star Line können Besucher von „Titanic Experience" Fahrt und Untergang des Luxusliners nacherleben

Die kleine Hafenstadt Kinsale bekennt in ihren kleinen Gassen eindrucksvoll Farbe

Bantry House spiegelt exemplarisch die Eleganz des 18. Jahrhunderts – welch ein Kontrast zu den Cottages der einfachen Landbevölkerung

Glas-Bauten wie die radikal umgestaltete Oper mischen sich mit neoklassizistischen Architekturschönheiten und verwahrlosten viktorianischen Lagerhallen, und zwischen schicken Restaurants und Galerien bleiben verrammelte Schaufenster als Narben der jüngsten Wirtschaftskrise sichtbar.

Dabei war Cork lange ein Beispiel für das prosperierende Irland. Sein Hafen in Cobh galt als Tor zur Welt, von hier wurden internationale Verbindungen geknüpft. Aber nicht nur Schiffsladungen guter gesalzener irischer Butter, die in der Corker Butterbörse ihren Besitzer gewechselt hatte, verließen über die Kais von Cobh die Grüne Insel, auch mancher Auswanderer warf hier einen letzten Blick auf die für ihn und viele weitere Iren so unmütterliche Inselheimat – darunter am 11. April 1912 auch viele Passagiere der „Titanic".

Göttliche Tränen
Vor Corks Toren lässt das milde Golfstromklima an den Küsten Oasen subtropischer Vegetation gedeihen. Hier überraschen Palmen, Zypressen, die nicht mehr so sehr geliebten Rhododendren und „Deora Dé", Gottes Tränen. So nennen Iren Fuchsien, die hier als mächtige Hecken wuchern, und tatsächlich wirkt die Landschaft des Südwestens zum Weinen schön.

Sanfte Bergrücken und alte Wälder rahmen das makellose Blau der Seen im Killarney-Nationalpark, und an der Küste greifen fünf bergige Halbinseln weit in den Atlantik hinein. Der Ring of Kerry, die 180 Kilometer lange Panoramastrecke um die Iveragh-Halbinsel, gilt als Höhepunkt jeder Irlandreise. Doch auch die Steilklippen von Mizen Head, Sheep's Head und Dingle stürzen sich überaus spektakulär ins Meer, und an der Spitze der Beara-Halbinsel bringt Paddy Sheehan Passagiere mit Irlands einziger Seilbahn über eine tosende Meerenge hinüber nach Dursey Island. Die Fahrt in der leicht angerosteten Gondel ist eine kleine Mutprobe.

Der Derrynane National Park liegt südlich von Waterville an einem besonders eindrucksvollen Abschnitt des Ring of Kerry

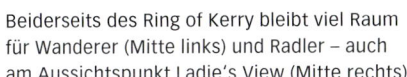

Beiderseits des Ring of Kerry bleibt viel Raum für Wanderer (Mitte links) und Radler – auch am Aussichtspunkt Ladie's View (Mitte rechts)

Auf dem südlichen Teil der Mizen-Halbinsel steht das Wedge Tomb von Altar, einer von etwa 1600 jungsteinzeitlichen Anlagen auf der irischen Insel

Little Skellig ist ein Vogelparadies (Mitte links). Von der Mündung des Kenmare River geht es hinein in den Killarney National Park (Mitte rechts)

Kaum zu glauben, dass man hier anlegen kann: Skellig Michael (oben und unten)

Wilder kann sich eine Küste kaum gebärden: Mizen Head – einer der südlichsten Punkte Irlands

„Der phantastischste und unglaublichste Felsen der Welt ...

George Bernard Shaw 1910 über die Insel Skellig Michael

Die Wehranlage Ross Castle am Ostufer des Lough Leane im National Park ist ein typisches Beispiel für einen mittelalterlichen irischen Clansitz des 15. Jahrhunderts. Die Bauten beherbergen heute ein kulturhistorisches Museum

Seit 1798 weist der etwa 15 Meter hohe Baltimore Beacon Schiffen den Weg durch die Meerenge hinter der Sherkin Island zum Hafen von Baltimore

Muckross House präsentiert als Museum adlige Wohnkultur und Lebensweise im 19. und Anfang des 20. Jahrhunderts

Seit ewigen Zeiten bearbeitet die See die Felsen: Küstenszenerie bei Baltimore

Storytelling

Tell me a story

Special

Irland ist das Land der Geschichtenerzähler. Wenn das Leben zu schnell wird, drücken sie mit Mythen, Märchen und Legenden auf die Stopptaste und retten ihre uralte Tradition ins 21. Jahrhundert.

Vor gar nicht allzu langer Zeit erledigten irische Kinder freiwillig und mit Freude alle Hausarbeiten für einen Nachbarn. Vorausgesetzt, er war ein Seanchaí, ein Geschichtenerzähler. Den befreiten sie schnell von lästigen Alltagspflichten, damit er ihnen von Druiden, Wasserfrauen und feigen Kriegern erzählen konnte, von Tir na nÓg, dem Land der ewigen Jugend, den Schwanenkindern des Königs Lir und von der legendären Enkelin Noahs, die nicht mit auf die Arche durfte und stattdessen in Irland landete. Seanchaí waren in den einstigen Clans hochangesehen, erhielten sie doch die wichtigen, nicht schriftlich fixierten Überlieferungen über Generationen.

Eine Weile war die alte Kunst des Storytelling in Vergessenheit geraten, heute aber lassen sich die Iren wieder von Märchen, Fabeln und Geistergeschichten in den Bann ziehen. Im ganzen Land füllen begnadete Storyteller Pubs und Theatersäle, doch auf den Inseln und in den kleinen Küstendörfern des Südens wird die Tradition der Geschichtenerzähler ganz besonders gepflegt. Auf der südlich Baltimore gelegenen Cape Clear Island und im Städtchen Sneem am Ring of Kerry präsentieren die besten Erzähler während der alljährlich stattfindenden Storyteller-Festivals ganz ohne Masken, Bühnenbild und Showeffekt die Geschichten ihrer Väter und Urgroßväter. Es genügen die Magie ihrer Erzählkraft und der schlitzohrige Zauber der traditionellen Endformel: „Sin mo scéal is má tá bréag ann, bíodh" – „Dies ist meine Geschichte, und findest du eine Lüge darin, so darfst du sie behalten".

Das Festland vergessen

Als Belohnung warten auf der anderen Seite weder Pubs noch Shops, sondern seltene Zugvögel und die große Chance, Wale und Delphine zu sichten. Mit den ältesten fossilen Fußspuren auf ihren Klippen ist auch Valentia eine Insel-Klasse für sich, wird aber überstrahlt von den beiden pyramidenförmigen Zacken, die in gut zehn Kilometer Entfernung aus dem unruhigen Atlantik ragen – Skellig von „Sceilg", schlicht Fels, genannt.

Little Skellig bleibt unbetreten den 20 000 Brutpaaren einer Basstölpel-Kolonie vorbehalten. Die benachbarte Skellig Michael hingegen darf besucht werden. Von frühchristlichen Eremiten im 6. Jahrhundert als Rückzugsort gewählt, erlangte diese unwirtliche Insel als Kulisse in einem Star-Wars-Film Weltruhm. Hunderte Papageientaucher umschwirren die spartanischen, an Bienenkörbe erinnernden Schutzhütten, in denen es Mönchsgemeinschaften mehr als 500 Jahre lang im Dienst des Höchsten ausgehalten haben. Dort oben stehen, im Rücken Irland und geradeaus nichts als das Meer, das am Horizont durch einen glimmenden Silberfaden vom Himmel getrennt wird. Irlands Inseln sind nicht leicht zu erreichen, noch schwerer fällt es, sie wieder zu verlassen.

BED & BREAKFAST

Bei Iren daheim

Bed & Breakfast gehört zu Irland wie das Kleeblatt zum hl. Patrick. Doch die wunderbar altmodische Vermietung von Privatzimmern wurde mit der Zeit immer professioneller und verlor viel von ihrem Charme. Im kleinen Hafenort Baltimore führen Sandra und Ronnie Carthy ihr Fastnet House nach wie vor in bester B&B-Tradition.

Die immer gut gelaunten Gastgeber – Ronnie und Sandra Carthy

Im Türrahmen erscheint ein Strahlen. „Neue Gäste? Wie schön." Sandra Carthy freut sich. Lächelnd zwinkert sie einen Kranz zarter Fältchen um ihre Augen und lässt sie wie zwei kleine Sonnen leuchten. Herzlich willkommen in Baltimore. Herzlich willkommen in einem der südlichsten Zipfel von West Cork, wo vor über 20 Jahren die Geschichte eines Traumes begann. Der Traum von einem eigenen Bed & Breakfast. Eigentlich hatten Sandra und Ronnie eine andere Immobilie für die Realisierung ihrer Pläne im Auge, doch auch für die Liebe zu Häusern gilt: Sie fällt, wohin sie will. So wurde das fast zweihundert Jahre alte Fastnet House die große Liebe des irisch-schweizerischen Ehepaars. Nahe beim Hafen liegt es, direkt neben Dún na Séad Castle, dem einstigen Sitz eines über West Cork herrschenden Piraten-Clans der O'Driscolls. 1996 begannen Sandra und Ronnie mit der Renovierung von Fastnet House, und es gelang ihnen, den Charakter des Gebäudes mit seinen alten Steinmauern, Holzböden und offenen Kaminen zu bewahren. „Die ersten Gäste", erzählt Sandra „standen schon vor der Tür, bevor wir komplett eingerichtet waren." Ronnie schickte sie in einen nahen Pub und machte ihnen in Windeseile eines der Zimmer bereit.

Echte Gastfreundschaft

Mit dem gelungenen Einstand kehrte Fastnet House quasi zu seiner Bestimmung zurück, bereits die Vorbesitzer hatten 40 Jahre ein B&B betrieben. Davor war es eine Art Internat für die Kinder von den Inseln vor Baltimores Küste, die auf dem Festland die Schule besuchten. Ein Haus voller Geschichten, und Ronnie, nahe Baltimore aufgewachsen, kennt sie fast alle. Als er in seinen Erzählungen bei dem Mann ankommt, der Fastnet House im Kartenspiel verloren hatte, klopfen fette Regentropfen den Rhythmus des irischen Wetter-Blues gegen die Fensterscheiben. Im Flur knarzen die Holzdielen unter Sandras Schritten, die noch eine Kanne Earl Grey bringt – und plötzlich ist man daheim. Daheim bei zwei Menschen, die in die Privatheit ihres Hauses einladen,

In seiner Küche brutzelt Ronnie Carthy allmorgendlich das typisch irische Frühstück, während seine Frau Sandra für heimelige Wohlfühlatmosphäre sorgt

ihre Geschichten mit einem teilen und spüren lassen, wie sehr sie es mögen, Gäste zu haben.

Früher fand man diese Gastfreundschaft noch überall in Irland. Die Frau kochte gern, der Mann mochte Gesellschaft, und die Kinder waren aus dem Haus. Ein Schild mit der Aufschrift „B & B – Vacancies" wurde ins Fenster gestellt, und nun gab es für die Hausarbeit, die ohnehin erledigt werden musste, sogar Geld. So herrlich altmodische B & Bs sind selten geworden. „Versicherungs-, Hygiene- und Brandschutzvorschriften", erklärt Sandra die Gründe und macht mit der offenen Hand jene ausholende Bewegung, die einen ganzen Berg von Problemen beschreibt. „Wer will schon eine grellgrüne Notausgangslampe im Wohnzimmer aufhängen müssen?"

Ihr B & B wird kein normierter Betrieb werden. Es wird ihr Zuhause bleiben, in das sie Gäste einlädt, die von der üblichen Reiseroute abweichen wollen. Die großen Touristenströme ziehen an Baltimore vorbei. Wer das Fischerdorf von Skibbereen aus ansteuert, den führen schmale Straßen mitten durch irisches Klischee: kanariengelber Schimmer der Ginstersträucher zur Linken, mit Schafen vollgestellte Hügel zur Rechten und kugelige Wattewölkchen, die wie an einer Willkommensgirlanden über Baltimores blitzblauem Hafen hängen. Von hier starten Freizeitsegler zu den Inseln in der wilden Roaringwater Bay. Wale, Robben und Delfine lassen sich beinahe täglich blicken. Ausflugsboote steuern auch den Namensgeber für das B & B der Carthys an – Fastnet Rock, eine kleine Felseninsel samt Leuchtturm, die den südlichsten Punkt vor Irlands Küste markiert.

Baltimore again

Bevor ihre Gäste morgens zu ihren Touren starten, brutzelt ihnen Ronnie das berühmte Irish Breakfast. Ein Tuch um die grauen, schwarz melierten Locken gebunden, die Ärmel hochgekrempelt und eine gestreifte Schürze angelegt – so könnte er auch als stylischer Fernsehkoch durchgehen, als Alleskönner sowieso. Ronnie ist B & B-Besitzer, leidenschaftlicher Geschichtenerzähler, Crewmitglied der Lifeboat-Rettungsgesellschaft und nicht zuletzt Profi-Musiker.

Wenn alle Arbeiten erledigt sind, packt Ronnie auch schon die Gitarre aus oder nimmt seine Gäste mit zu einem Auftritt. „We raise our glasses in a toast – we are in Baltimore again", singt er dann, und mit melancholischem Moll im Herzen wünschen sich seine Zuhörer, das auch bald sagen zu können: „Baltimore again".

Informationen

Fastnet House B & B, Main Street, Baltimore, West Cork, Tel. 028 20 5 15 , www.fastnethouse.com

Noch immer verdienen sich irische Familien mit der Gästezimmervermietung ein Zubrot, doch die Professionalisierung der B & Bs hat zugenommen, was sich durch bessere Ausstattung, aber auch in höheren Preisen bemerkbar macht. Viele B & Bs sind auf www.bandbireland.com und www.familyhomes.ie zu finden.

SÜDEN
68 – 69

INFOS & EMPFEHLUNGEN

SÜDEN
70 – 71

Raues Meer, sanftes Klima

Abenteuerliche Bootsfahrten zur Welterbe-Insel Skellig Michael, Sternegucken unter Irlands dunkelstem Himmel und Wanderungen durch spektakuläre Landschaften – das alles und noch viel mehr hat den Südwesten zum schönsten und begehrtesten Reiseziel in Irland gemacht.

❶ Cork

Der Hauptort der größten irischen Grafschaft ist mit 125 600 Einw. auch die zweitgrößte Stadt der Republik und das wirtschaftliche Zentrum der Region. Als „Irlands heimliche Kapitale" hat sich die aus einer Klostersiedlung (Urspr. 7. Jh.) hervorgegangene Universitätsstadt vor allem in Sachen Kunst und Kultur zu einer Konkurrenz für Dublin entwickelt.

SEHENSWERT
Zu Ehren des Stadtheiligen wurde 1865–1879 die neugotische **St. Fin Barre's Cathedral** errichtet (Bishop Street; Mo.–Sa. 9.30–17.30, So. 12.30–17.00 Uhr). Gleich neben dem Gotteshaus hat man von den Wällen des elisabethanischen Forts aus dem 17. Jh. einen guten Blick über die Stadt (Barrack's Street; tgl. 10.00 bis 17.00 Uhr). Die breite Grand Parade führt an den Hallen des **English Market** (seit 1786) vorbei (www.englishmarket.ie; Mo.–Sa. 8.00 bis 18.00 Uhr). Im Stadtteil Shandon können Besucher die Glocken von **St. Anne's Church** (1722) läuten und Cork mit „Amazing Grace" oder „The Final Countdown" ein Ständchen bringen (Church Street, www.shandonbells.ie; Juni–Sept. Mo.–Sa. 10.00–17.00, So. 11.30 bis 16.30 Uhr, sonst kürzer).

MUSEEN
An die Erfolgsgeschichte irischen Streichfetts erinnert im Shandon-Viertel am Standort der einst weltweit bedeutendsten Butterbörse das **Butter Museum** mit tausendjähriger Butter, die im Moor überdauerte, und Verpackungen, die an die patriotische Pflicht zum Butterkonsum appellieren (O'Connell Square, www.corkbutter.museum; März–Okt. tgl. 10.00–17.00, Nov.–Feb. Sa., So. 11.00–15.00 Uhr). Die **Crawford Art Gallery** stellt Arbeiten irischer und internationaler Künstler vom 17. Jh. bis in die Gegenwart aus (Emmet Place, www.crawfordartgallery.ie; Mo.–Sa. 10.00–17.00, Do. bis 20.00, So. 11.00 bis 16.00 Uhr). Im ehem. Stadtgefängnis **City Gaol** gibt ein Museum Einblicke in das erbärmliche Leben der Häftlinge im 19. Jh. (Convent Avenue, Sundays Well, www.corkcitygaol.com; April–Sept. tgl. 9.30–17.00, sonst 10.00 bis 16.00 Uhr).

VERANSTALTUNG
Ende Okt. treffen Musikergrößen aus aller Welt zum **Guinness Jazz Festival** ein und heben

In Corks English Market lassen sich leckere Einkäufe machen (rechts oben). Am Hafen (oben) erinnert Cobh an die vielen Auswanderer (rechts unten)

Cork in den gleichen Rang wie Montreux und Newport (www.guinnessjazzfestival.com).

HOTELS UND RESTAURANTS
Mit modernem Design und irischen Spezialitäten in der eigenen Brasserie weiß das €€ **Isaac's** zu überzeugen (48 MacCurtain Street, www.hotelisaacscork.com, Tel. 021 450 00 11). In einem georgianischen Stadthaus nahe dem Zentrum führt Jackie Bowles ihr charmantes € **B & B Acorn House** (14 St. Patrick's Hill, www.acornhouse-cork.com, Tel. 021 450 24 74). Auf der Galerie des English Markets genießen die Gäste des €€/€ **Farmgate Café** bestes Sodabread zum Frühstück, Pies, Salate und irische Klassiker wie Irish Stew zum Lunch (Princess Street, Tel. 021 42 81 34). **The Franciscan Well Brewery & Pub** schenkt im hauseigenen Pub und Biergarten einige der besten Biere Irlands aus (14b North Mall, Tel. 021 439 34 34).

EINKAUFEN
Familie Linehan hält die Tradition der handgemachten Süßwarenherstellung seit 1928 aufrecht und verkauft in ihrem kleinen **Shandonn Sweets** feinste Toffees, Nelkenbonbons und Apfeldrops (37a John Redmond Street).

UMGEBUNG
In **Cobh**, dem Hafenvorort von Cork, machte die Titanic ihren letzten Halt vor ihrer Kollision mit einem Eisberg. Im einstigen Hafenbüro der White Star Line können Besucher von Titanic Experience Fahrt und Untergang nacherleben (www.titanicexperiencecobh.ie; April–Sept. tgl. 9.00–18.00, sonst 10.00–17.30 Uhr). Südl. des Flughafens liegt der für seine Restaurantszone bekannte Ort **Kinsale** mit seinem Charles Fort aus dem 17. Jh.

INFORMATION
Tourist Office, 125 Patrick Street, Cork, Tel. 021 425 51 00, www.corkcity.ie

❷ Skibbereen

Das hübsche, im 17. Jh. von Engländern gegründete Fischerstädtchen am Ufer des River Illen (2600 Einw.) ist das Zentrum von West Cork und bekannt für seine Kunsthandwerker und den großen Bauernmarkt.

INFOS & EMPFEHLUNGEN

SEHENSWERT
Der rostrote Stahlkoloss des **Uillinn – West Cork Arts Centre** beherbergt zeitgenössische Galerien, Ateliers, Tanzstudios, Vortragsräume und ein Café (Townsend Street, www.westcorkartscentre.com; Mo.–Sa. 10.00–16.45 Uhr). Das **Skibbereen Heritage Centre** widmet sich der Großen Hungersnot in den 1840er-Jahren und dem nahe gelegenen Naturschutzgebiet **Lough Hyne**. Der einzige inländische Salzwassersee Europas – bei Flut wird jeweils frisches Meerwasser in den See gespült – ist Lebensraum von Seesternen, Schnecken und ungewöhnlichen Fischen (Old Gas Works, Upper Bridge Street, www.skibbheritage.com; März–April Di.–Sa. 10.00–18.00, Mai–Okt. Mo. bis Sa. 10.00–18.00 Uhr).

HOTEL UND RESTAURANT
Mit schöner Aussicht über den River Illen, großzügigen Zimmern und einem guten Restaurant ist das €€ **West Cork Hotel** eine rundherum empfehlenswerte Bleibe (Ilen Street, www.westcorkhotel.com, Tel. 028 2 12 77).

EINKAUFEN
Gutes und Schmackhaftes aus der Region – von Gubbeen's Räucherschinken und Pettersen's Erdbeer-Vinaigrette bis zu Moorholz-Skulpturen – gibt es auf dem **Farmers' Market** (Old Market Square, www.skibbereenmarket.com; Sa. 9.30–14.00 Uhr).

UMGEBUNG
Von den nahen Hafenorten **Schull** und **Baltimore** starten Boote zum Leuchtturm **Fastnet Rock TOPZIEL** (www.islandtripper.com), alle

> **Tipp**
>
> ## Ferien mit Ziegen
>
> So entspannt und tierfreundlich wie auf der Ardagh Castle Goat Farm kann Landwirtschaft sein, wenn man sie als Hobby betreibt. Aus der Milch ihrer Ziegen stellen Gwyn und Christine Owen Käse für den Eigenbedarf her und lassen die Gäste ihres Ferien-Cottages auch gerne beim morgendlichen Melken helfen.
>
> ### INFORMATION
> Ardagh Castle Goat Farm, Baltimore, Co. Cork. Zu buchen über Shamrock Cottages (Nr. 83), www.shamrockcottages.co.uk

zwei Jahre Wendemarke der berühmt-berüchtigten Segelregatta Fastnet Race. Fähren setzen nach Sherkin, Heir und Cape Clear über; die Insel **Cape Clear** ist ein Vogelparadies und bekannt für die sehr spezielle Ziegenmilch-Eiscreme von Farmer Ed Harper (www.capeclearisland.ie).

Am Weg nach Mizen Head: Crookhaven (links). Südirische Idylle in Ballymacoda (rechts oben). An den Stränden südlich Kinsale (rechts unten)

INFORMATION
Tourist Office, North Street, Skibbereen, Tel. 028 2 14 89, www.skibbereen.ie

❸ Bantry

Den besonderen Reiz der für seinen Fisch und seine Muscheln bekannten Stadt (3200 Einw.) machen ihre Lage an einer der schönsten Buchten Irlands und die zahlreichen Ausflugsziele in der nahen Umgebung aus.

SEHENSWERT
Das Herrenhaus und die terrassierten Gartenanlagen von **Bantry House** erheben sich seit dem 18. Jh. elegant über der Bantry Bay (www.bantryhouse.com; Juni–Aug tgl. 10.00–17.00, Ende März–Mai, Sept. und Okt. Di.–So. 10.00 bis 17.00 Uhr).

HOTEL UND RESTAURANT
Dank der traumhaften Uferlage bietet €€ **The Maritime** viele Zimmer mit Meerblick (The Quay, Tel. 027 5 47 00, www.themaritime.ie). Die familiengeführte €€/€ **Fish Kitchen** hat sich mit exzellenten Fischgerichten und hervorragendem Service einen Namen gemacht (New Street, Tel. 027 5 66 51). Rustikaler geht es im € **The Snug** zu, wo gutes Pub-Food zu gelegentlicher Live-Musik serviert wird (The Quay, Tel. 027 5 00 57).

UMGEBUNG
Bantry liegt ideal für Ausflüge an die Enden der Welt, so zur Signalwärterstation an der Spitze der Halbinsel **Mizen Head** (www.mizenhead.net) oder über die die gleichnamige wilde Halbinsel erschließende Panoramastraße **Ring of Beara** (140 km) nach **Dursey Island**; dorthin bringt Irlands einzige Seilbahn (März–Okt. Mo.–So. 9.30–19.30, Juli/Aug. Fr.–So. bis 21.30, Nov.–Febr. 9.30–16.30 Uhr). Eine kurze Bootsfahrt erschließt **Garinish Island** mit seiner herrlichen Gartenanlage (bis 1920; www.garnishisland.com, April–Okt. tgl. 10.00–17.30, Juni–Aug. Sa. bis 18.00 Uhr).

INFORMATION
Tourist Office, The Old Courthouse, The Square, Bantry, Tel. 027 5 02 29, www.visitbantry.ie

❹ Killarney

Der Ort (14 000 Einw.) am Rand des gleichnamigen Nationalparks ist seit mehr als 200 Jahren der touristische Mittelpunkt im Südwesten und Ausgangspunkt zur Panoramastraße Ring of Kerry.

SEHENSWERT
Im 1932 eröffneten, rund 102 km² großen **Killarney National Park** (www.killarneynationalpark.ie) gibt es auch für Wanderer viel zu entdecken: Seen, Wasserfälle, alte Wälder, Rotwild, den Herrensitz **Muckross House** (1843) und die gut erhaltene Franziskanerabtei **Muckross Abbey** (Urspr. 15. Jh.).

HOTEL UND RESTAURANT
Eine der besten Adressen in Killarney ist das €€ **B & B Larkinley Lodge** (2 Lower Lewis Road, Tel. 064 662 24 47, www.larkinley.ie), übertroffen nur noch von den eleganten Zimmern mit Marmorbad und Blick auf die Kerry Mountains im €€€ **Randles Hotel** (Muckross Road, Tel. 064 663 53 33, www.randleshotel.com). Das € **Caragh** bietet gute und für Killarney-Maßstäbe günstige irische Spezialitätenküche (106 New Street, Tel. 064 663 16 45).

Ein irisches Sprichwort lautet: Ein Fremder ist ein Freund, den man noch nicht kennt.

UMGEBUNG

In Killarney starten Bustouren über den **Ring of Kerry** (180 km), der berühmten Küstenstraße rund um die buchtenreiche Halbinsel Iveragh, die auch von einem Wanderweg begleitet wird (www.kerryway.com).
Auch eine Küstenrundfahrt auf der **Dingle-Halbinsel** samt Bootstour zu einer der vorgelagerten Blasket Islands verspricht schöne Reiseerinnerungen (ab Ventry/Ceann Trá; www.marinetours.ie). In **Dingle Town** reizt das Aquarium Dingle Oceanworld zu einem Besuch, bekannt für seine Haie und Pinguine (www.dingle-oceanworld.ie; tgl. 10.00–17.00 Uhr). Gut 30 km nordw. liegt **Tralee**, der 800-jährige Countysitz von Kerry, bekannt für seinen alljährlichen Schönheitswettbewerb „Rose of Tralee". Ene Reise in die Vergangenheit des County bietet das Kerry County Museum (Ashe Memorial Hall, Denny Street, www.kerrymuseum.ie).

INFORMATION

Tourist Office, Beech Road, Killarney, Tel. 064 663 16 33, www.killarney.ie

❺ Valentia Island

Durch eine Brücke mit dem Festland der Iveragh-Halbinsel verbunden, lockt die Insel (600 Einw.) mit entspanntem Flair.

SEHENSWERT

Valentia liegt im 700 km² großen **Kerry International Dark Sky Reserve**, ein Schutzgebiet, das Sternenguckern den schwärzesten und reinsten Nachthimmel Europas schenkt (www.kerrydarksky.com). Unweit des zu besichtigenden Leuchtturms (1913; Ostern–Sept. 11.00–18.00 Uhr) am Cromwell Point auf der Nordseite der Insel sind am Tetrapod Trackway die ältesten fossilen Fußspuren der Welt zu sehen, die ein kleiner Vierfüßler vor 385 Mio. Jahren hinterließ. Der Geokaun Mountain (180 m) und das westl. Ende, Bray Head genannt, bieten phantastische Rundblicke bis zu den **Skellig Islands**. Über Geschichte und Tierwelt dieser Inseln informiert das Besucherzentrum The Skellig Experience (www.skelligexperience.com; Juli und Aug. tgl. 10.00–19.00, Mai, Juni und Sept. 10.00–18.00 Uhr, sonst kürzer bzw. Dez.–Febr. geschl.). Wer die zum Welterbe zählende **Skellig Michael TOPZIEL** persönlich erleben will, kann von Mai bis Sept. mit privaten Ausflugskuttern fahren, die bei gutem Wetter in Knightstown und Portmagee starten.

HOTEL UND RESTAURANT

€€/€ **The Moorings** bietet gemütliche B & B-Zimmer und ein gutes Seafood-Restaurant (Portmagee, Tel. 066 947 71 08, www.moorings.ie). Valentias schönste €€/€ **Feriencottages** sind bei Kerry Coastal Cottages Ltd. zu mieten (Tel. 087 357 70 43, www.ferienhaus-irland.de).

INFORMATION

Tourist Office, Watch House Cottages, Knight's Town, Valentia Island, Tel. 066 947 69 85, www.valentiaisland.ie

---

SÜDEN 72–73

Genießen   Erleben   Erfahren

DuMont Aktiv

Hinaus aufs Meer

Die Küste West-Corks ist mit ihren kleinen Häfen, versteckten Buchten und Meeresarmen ein beliebtes Ziel für Surfer, Angler und Taucher.

Bei Seglern besonders beliebt ist der kleine Fischerort Baltimore im äußersten Südwesten. Sein Hafen ist das Tor zu den vielen weltvergessenen Inseln, die hier in den Fjorden liegen. Diese geschützten Gewässer gelten als eines der schönsten Segelreviere der Welt und erlauben meilenweite Törns, ohne sich auf die offene See wagen zu müssen. Wem nautische Kenntnisse und ein eigenes Boot fehlen, kann trotzdem Segel setzen. Einfach eine Yacht chartern und bei Bedarf erfahrene Skipper oder eine ganzen Crew anheuern. Die vom irischen Segelverband ISA anerkannten Schulen in Baltimore bieten zudem Kurse für Anfänger und Fortgeschrittene in allen Altersklassen. Segelurlaube können, mit und ohne Kurs, auch pauschal gebucht werden.

Ein beliebtes Ziel vor Baltimores Küste ist Fastnet Rock, eine spitze Felseninsel, die weit draußen im Atlantik Irlands höchsten Leuchtturm trägt. Hobby-Segler aus aller Welt träumen davon, Fastnet ein Mal zu umrunden, denn alle zwei Jahre markiert der Felsen den Wendepunkt des legendären Hochseeyacht-Rennens zwischen Cowes und Plymoth. Auf dem Weg zum Fastnet Rock können häufig Robben und Delfine gesichtet werden, und ab und an tauchen auch Buckel oder Schwanzflossen von Mink-Walen aus dem Wasser auf, die den Sommer über vor der irischen Küste leben.

Informationen

Baltimore Sailing Club, The Pier, Tel. 028 2 04 26, www.baltimoresailingclub.com
Baltimore Yacht Charters, Baltimore Harbour, Tel. 028 2 01 60, www.baltimoreyachtcharters.com

Ab durch Irlands Mitte

Eine Fahrt auf dem Shannon gleicht einer Reise durch Herz und Historie der grünen Insel. Irlands längster Fluss strömt durch jahrtausendealte Geschichte, vorbei an Klosteranlagen, Burgen und Schlössern bis hin zur alten Wikingerstadt Limerick. Eine faszinierende Flora und Fauna lockt Naturliebhaber an seine Ufer, und auch Angler finden hier ihr Petri-Heil.

Vor Clonmacnoise breitet sich das Freizeitrevier des Shannon River aus

Seit 1000 Jahren überquert in Killaloe am Südende des Lough Derg eine Brücke den Shannon. Die heutige stammt aus dem 18. Jahrhundert (oben). Der Fluss eignet sich hervorragend für geruhsame Ferientage (Mitte)

Irland ist ein Paradies für Sportfischer. Fliegenfischen gehört zu den bevorzugten Freizeitbeschäftigungen – hier bei Castleconnell

Seit mehr als 200 Jahren ist die Ballinasloe International Horse Fair in der ersten Oktoberwoche das Ereignis für Pferdefreunde weit über Irland hinaus

„Natürlich hatte ich eine unglückliche Kindheit; eine glückliche Kindheit lohnt sich ja kaum. Schlimmer als die normale unglückliche Kindheit ist die unglückliche irische Kindheit, und noch schlimmer ist die unglückliche irische katholische Kindheit."

Frank McCourt über seine Kindheit in Limerick

Am Anbeginn der Zeit lebte der Lachs der Weisheit in einem kleinen Tümpel an den Hängen der Cuilcagh Mountains. Nur Druiden war es gestattet, den Fisch um Rat zu fragen. Als Shannon, die vorwitzige Enkelin des Meeresgottes, versuchte, den Lachs an die Oberfläche zu locken, geriet dieser über ihre Unverfrorenheit so in Rage, dass er das Wasser des Teichs in heftige Wallung brachte. Es sprudelte, schäumte und schoss im gewaltigen Schwall die Berghänge hinab. Shannon wurde von den Fluten mitgerissen und ins Meer gespült. So entstand der Fluss, der bis in unsere Zeit den Namen des allzu neugierigen Mädchens trägt.

Ein wenig Magie muss wohl dabei sein, denkt sich, wer heute am trüben Teich in den Cuilcagh Mountains steht und sich nicht vorstellen kann, wie aus dem kraftlosen Rinnsal, das da träge durch die Kuhweiden tröpfelt, einige Kilometer weiter Irlands längster und mächtigster Strom werden kann. Vom unscheinbaren Shannon Pot bis zur Mündungsbucht bei Limerick entwässert der Fluss Irlands moorige Mitte, durchfließt fischreiche Seen, speist Seitenarme und zieht so eine rund 360 Kilometer lange Grenze, die den rauen Westen von den sanfteren Hochebenen im Osten der Insel trennt.

My home ist my boat

Verbunden mit vielen Kanälen, bildet der Shannon die Hauptader eines 800 Kilometer langen Geflechts aus Seen und Flüssen, das sich von Limerick bis Dublin und hinauf zum Lough Erne in Nordirland erstreckt. Das perfekte Revier für Freizeitkapitäne. Bootsvermieter finden sich entlang dem Fluss in großer Zahl. Die Strömungsgeschwindigkeit des Shannon ist gering, die Zahl der Schleusen überschaubar, und Fracht- oder Linienschiffe sind auch nicht auf ihm unterwegs. Selbst Amateure können hier problemlos navigieren. Ein Bootsführerschein ist nicht notwendig, um mitten durch das irische Klischee zu tuckern – grasende Schafe und gelb strahlender Ginster zur Rechten, zur Linken verschlafene Städtchen und immer wieder bedeutende historische Stätten wie die noch kaum erforschten vor- und frühgeschichtlichen Gräber im County Roscommon, Athlones Normannenburg oder die Ruinen der 1500 Jahre alten Klosterstadt Clonmacnoise. Tauchen deren Rundtürme zwischen den Grashügeln am Shannon auf, gehen auch Geschichtsmuffel vor Anker.

Beim Wachtelkönig

Dank des riesigen Wasserstraßennetzes glaubt man sich sogar in der Hochsaison

Limerick-Blick über den Shannon auf King John's Castle und St. Mary's Cathedral

Natürlich direkt am Fluss: das Domizil von Limericks Shannon Rowing Club (Mitte links). In einer Biegung des Shannon taucht die einstige Klosteranlage von Clonmacnoise auf, bis heute eine nationale Wallfahrtsstätte der Iren (Mitte rechts)

Kaum einer macht hier nicht Halt: In Clonmacnoise gibt es reichlich Liegeplätze für Flusswanderer

Am Harvey's Quay liegt Limericks Shannon-Schleuse – vom King John's Castle etwas flussabwärts

oft allein auf dem Shannon – allein mit reglosen Reihern, die im goldgrünen Schilf auf Beute harren, mit Kormoranen, die sich mit weit gespannten Flügeln sonnen und mit Haubentauchern, Kiebitzen und Tüpfelsumpfhühnern. Die leben bevorzugt in den Flusswiesen der Shannon Callows. So nennen die Iren die Überschwemmungsgebiete, die sich zwischen den Städten Athlone und Portumna ausbreiten. Das einzigartige Ökosystem ist Heimat einer beeindruckenden Tier- und Pflanzenwelt. Hier hat auch der vom Aussterben bedrohte Wachtelkönig ein Refugium gefunden und lässt seinen krächzend-knarrenden Ruf ertönen. Erst können Freizeitkapitäne nach Eisvögeln, Goldregenpfeifern und Schwarzkehlchen Ausschau halten, später dann Fuchs und Otter eine gute Nacht sagen.

Auch den Fisch, mit dem alles begann, gibt es noch im Shannon – den Lachs. Während sich Hechte, Forellen und Barsche in großer Zahl in Lough Derg, Lough Ree und Lough Erne tummeln, stehen die Chancen auf einen Lachsfang in der Nähe von Castleconnell und am Ortsrand von Limerick am River Mulcair am besten.

Literarische Last

Von Lachsfischern abgesehen, lassen Touristen Limerick oft links liegen. Dabei strotzt die von Wikingern gegründete Stadt nur so vor Geschichte und Kultur. Doch am Schmuddelimage, das ihr Frank McCourts autobiografischer Roman „Die Asche meiner Mutter" einbrachte, trägt Limerick noch immer schwer, zumal ihr die Wirtschaftskrise der letzten Jahre auch enorm zugesetzt hat. Als Irlands erste National City of Culture überzeugte Limerick 2014 allerdings mit einem topsanierten Zentrum, vielfältigem Kunstangebot und einem prächtig in Szene gesetzten Fluss. Lange hatte Limerick den Shannon vernachlässigt. Nun aber gibt es hübsche Promenaden, kleine Parks und Cafés, und der Shannon hat wieder den Platz, der ihm zusteht – im Herzen der Stadt.

UNSERE FAVORITEN

Die tollsten Festivals

In Feierlaune

„It was great craic", schwärmt der Ire, wenn er eine gute Zeit hatte. Craic bedeutet Spaß, und um den zu finden, braucht es nur einen Blick in den irischen Festkalender. Der ist randvoll. Wenn nicht irgendwo Musik gemacht, getanzt oder gekocht wird, darf ein Heiliger geehrt, einer Haarfarbe gehuldigt oder der Liebe ein bisschen nachgeholfen werden. Also: "Let's go have some craic!"

1 Schaurig schön

Dracula-Steaks und Kürbis-Kuchen, brodelnde Kostümparaden, Geisterjäger-Touren, Grusel-Theater und ein fulminantes Feuerwerk – mit diesem mehrtägigen Mammutprogramm rund um den 31. Oktober hat sich Derry/Londonderry verdientermaßen den Ruf erworben, mit dem **Hallowe'en Carnival** das größte Halloween-Festival Irlands, vermutlich sogar ganz Europas, zu veranstalten.

Banks of the Foyle Hallowe'en Carnival, Derry/Londonderry, www.derryhalloween.com

2 Im Namen des Vaters

Die in den 1990er-Jahren produzierte Fernsehserie „Father Ted" um drei Priester, die auf eine entlegene Insel strafversetzt werden, genießt in Irland bis heute Kultstatus – mehr als zwei Millionen Mal haben sich die entsprechenden DVDs verkauft. Mit Inishmore, der größten der Aran-Inseln, haben die Anhänger der Sitcom einen passend abgeschiedenen Ort für ihr **Friends of Father Ted Festival** gefunden. Alljährlich im Februar fluten Nonnen, Priester und Haushälterinnen die Insel, um den Geist der Serie mit viel Spiel, Musik und Guinness aufleben zu lassen.

Friends of Fathers Ted Festival, Inishmore, Aran Island, Co. Galway, www.tedfest.org

3 Party für Patrick

Am 17. März steht Irland ganz im Zeichen ihres Nationalheiligen, der das Christentum auf die Insel brachte. Die größte Feier zum **St. Patrick's Day** richtet Dublin aus und lockt mit Konzerten, Ausstellungen und einem gigantischen Straßenumzug meist mehr als eine halbe Million Besucher an. Wichtige Utensilien für alle, die mitfeiern möchten: grüner Hut, Kobold-Kostüm oder zumindest Kleeblatt am Revers. Slàinte – Prost!

St. Patrick's Day, www.stpatricksfestival.ie

4 Irlands Töne treffen

Irlands musikalische Traditionen sind nicht zur Folklore für Touristen verkommen, sondern wesentlicher Bestandteil irischen Lebens geblieben. Das liegt auch an den zahllosen Wettbewerben für Tanz, Musik und Gesang, die landesweit veranstaltet werden. Das vielbeachtete Finale, die **Fleadh Cheoil na hÉireann,** wird stets im August abgehalten. Der Veranstaltungsort wechselt jährlich, immer aber zieht es Tausende Besucher zu den Konzerten, Tanzaufführungen und spontanen Sessions des größten irischen Musikfestivals.

Fleadh Cheoil na hÉireann, www.fleadhcheoil.ie

UNSERE FAVORITEN
80 – 81

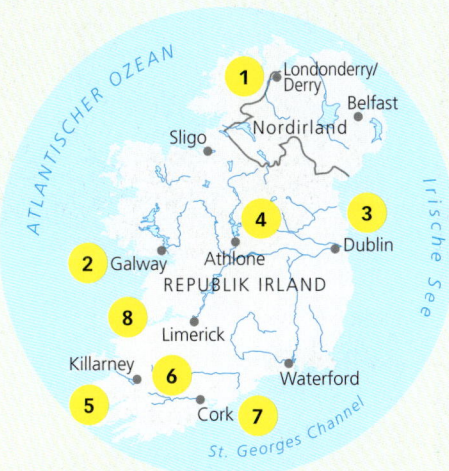

5 Die Schlaraffen-Stadt

Räucherlachs, Austern und Apfelwein, Trüffelschokolade, Lammbraten und Ziegenkäse - auf dem **Food & Wine Festival** Ende Sept./ Anf. Okt. zeigt sich das urige Hafenstädtchen Dingle von seiner leckersten Seite. Gestartet im Jahr 2007, um die ganze Vielfalt der lokal produzierten Lebensmittel zu feiern, zählen Leckermäuler das Festival mittlerweile zum lukullischen Höhepunkt des Jahres. Besucher können sich an den rund 60 Stationen der Genussmeile „Taste Trail" durch das kulinarische Angebot der Stadt probieren und in Koch-Workshops die Geheimnisse der irischen Küche entdecken. Die besten Lebensmittelproduzenten des Landes werden zum krönenden Abschluss mit den Nationalen Irish Food Awards geehrt.

Dingle Food & Wine Festival, www.dinglefood.com

6 Den Bock zum König machen

Killorglin steht Kopf, wenn im August Tausende zur **Puck Fair** anreisen, einem der ältesten Jahrmärkte Irlands. Traditioneller Höhepunkt des Festes ist die Krönung eines Ziegenbocks, des „King Puck". Laut Legende soll nämlich im 17. Jahrhundert eine heldenhafte Bergziege mit letzter Kraft Killorglin erreicht haben, um die Einwohner vor den anrückenden Truppen Oliver Cromwells zu warnen. Das dreitägige Volksfest ist Killorglins Art, Danke zu sagen.

Puck Fair, Killorglin, Co. Kerry, www.puckfair.ie

7 Ehre den Erdbeerblonden

In Irland kommen sie häufiger vor als anderswo, doch global gesehen sind nur ein Prozent aller Menschen rothaarig. Ihren Seltenheitswert können Rotschöpfe im August auf der **Irish Redhead Convention** feiern. Zum Programm gehören Karottenweitwurf, Sommersprossen-Zählung, Feuerkopf-Parade und Ginger-Speed-Dating. Färben gilt nicht. Nichtrothaarige Freunde dürfen trotzdem mitfeiern.

Irish Redhead Convention, Crosshaven, Co. Cork, www.redheadconvention.com

8 Verlieben mit Vorsatz

In Lisdoonvarna wartet die Liebe – vielleicht. Die Chance, sie ausgerechnet in diesem kleinen Ort im County Clare zu treffen, ist im September am größten. Dann strömen tausende Singles zum **Matchmaking Festival,** dem größten Heiratsmarkt Europas. Der hat eine lange Tradition. Früher kamen die Bauern zum Viehmarkt her und hielten bei der Gelegenheit auch gleich Brautschau. Heute ist das vierwöchige Verkupplungsfest weit über die Landesgrenzen hinaus bekannt. Erfolgsquote unbekannt.

Lisdoonvarna Matchmaking Festival, www.matchmakerireland.com

Stadt, Land, Shannon

Der Fluss, der sich durch Irlands geografische Mitte zieht, prägt das Leben an seinen Ufern. Bei Hausbootkapitänen, Anglern und Müßiggängern liegt der Shannon mit seinen Nebenflüssen hoch im Kurs. Vorbei an Burgen und Klosterruinen, an einzigartigen Naturräumen und kleinen Dörfern führt er sie bis nach Limerick.

❶ Carrick-on-Shannon

In der kleinsten Hauptstadt (4000 Einw.) einer irischen Grafschaft, immerhin Siedlungsplatz seit Jahrtausenden, steht auch die kleinste Kapelle des Landes. Der einst wichtige Shannon-Umschlagplatz kommt nunmehr als Zentrum des Bootstourismus ganz groß raus.

SEHENSWERT
Lokalgeschichte von der Keltenzeit bis in die Moderne präsentiert das **St. George's Heritage & Visitor Centre** (Church Lane, www.carrickheritage.com; Mo.–Sa. 10.00–17.00 Uhr). Die 1879 errichtete **Costello Memorial Chapel**, Grabstätte der Eheleute Costello, gilt mit einer Grundfläche von 18 m² als kleinste Kapelle Irlands (Bridge Street, ganzjährig tgl. 9.00 bis 16.00 Uhr).

HOTEL UND RESTAURANT
Die meisten Zimmer des €€ **Cryans Hotel** bieten Sicht auf den vor der Haustür liegenden Shannon. Das hoteleigene €€ **Riverside Restaurant** ist erste Wahl für irische Traditionsküche; jeden Sa. lockt Livemusik in die Bar (On the Quay, Tel. 071 967 20 66, www.cryanshotel.ie).

AKTIVITÄTEN
An den Ufern des Lough Allen (nordöstl.) weckt Kevin Currid auf Wildnis-Kursen Freude an einfacher Lebensweise und leitet **Expeditionen** auf entlegene Inseln im See (Lough Allen Adventure, Cleighran Beg, Ballinaglera, Tel. 071 964 32 92, www.facebook.com/loughallenadventure).

UMGEBUNG
Die Ruinen der im 12. Jh. gegründeten Zisterzienserabtei **Boyle** (15 km nordw.) zählen zu den schönsten Irlands (www.heritageireland.ie; März–Sept. tgl. 10.00–18.00 Uhr). Zur Geschichte der Abtei und der Region finden sich in den Multimedia-Ausstellungen im **King's House** gut aufbereitete Informationen (Military Road, Boyle, www.kinghouse.ie; April–Sept. Di. bis Sa. 11.00–17.00, So. bis 16.00 Uhr). Über die Zeiten, als der Norden von Leitrim noch als irischer Kohlenpott galt, wissen ehemalige Kumpel im Museumsbergwerk der **Arigna Mining Experience** (15 km nördl.) zu erzählen (Derreenavoggy, www.arignaminingexperience.ie; tgl. 10.00–18.00 Uhr).

INFORMATION
Tourist Information Office, Old Barrell Store, Quay Road, Carrick-on-Shannon, Co. Leitrim, Tel. 071 962 01 70, www.enjoyleitrim.com

Tipp

Irland zum Mitnehmen

Es ist ein ganz besonders Material, aus dem Michael und Kevin Casey ihre Skulpturen schaffen: 5000 Jahre altes Moorholz. Die Überreste von Eichen-, Eiben- und Pinienwäldern haben luftdicht abgeschlossen im Moor überdauert und einen halb versteinerten Zustand angenommen, ehe sie von Torfstechern entdeckt wurden. Schwer, ein anderes Andenken an Irland zu finden, das so tief mit seiner Landschaft und seiner Kultur verbunden ist.

INFORMATION
Casey's Bogwood Sculptures, Barley Harbour, Newtowncashel, Co. Longford, www.bogwood.net, Tel. 043 332 52 97

❷ Athlone

Im 13. Jh. erbauten Anglonormannen eine Burg, die bis heute den Shannon-Übergang der Hauptstadt von Westmeath (20 000 Einw.) überwacht.

SEHENSWERT
Rund um die Burg bietet sich das **Altstadtviertel** mit bunten Hausfassaden, Pubs, Restaurants und netten Uferwegen zum Bummeln an. Mehr zur Burg- und Stadtgeschichte erfährt man im **Athlone Castle Visitor Centre** (Castle Street, www.athlonecastle.ie; Juni–Aug. Mo.–Sa. 9.30–18.00, So. 10.30–17.30, sonst kürzer und zeitweise geschlossen).

HOTEL UND RESTAURANT
Im Zentrum empfängt das € **Prince of Wales Hotel** mit stilvollen Zimmern, zwei Restaurants und einer Bar (Church Street, Tel. 090 647 66 66, www.theprinceofwales.ie). Das €€/€ **Thyme Restaurant** von John und Tara Coffey gehört zu den feinsten Küchen, die in den irischen Midlands zu finden sind (Custume Pl, Athlone, www.thymerestaurant.ie, Tel. 090 647 88 50).

Seele baumeln lassen in Portumna (links). Delfinbeobachtung in der Shannon-Mündung (rechts oben). Shannon-Übergang seit 500 Jahren: O'Briensbridge (rechts unten)

INFOS & EMPFEHLUNGEN

VERANSTALTUNG
Anf. Okt. pilgern bis zu 80 000 Besucher zur **Ballinasloe International Horse Fair** (südw.; www.ballinasloeoctoberfair.com).

UMGEBUNG
Die Wiederentdeckung von Irlands ältester Straße 1984 war eine archäologische Sensation. Der vor 2000 Jahren aus Eichenbohlen erbaute **Corlea Trackway** (nordöstl.) ist heute Teil eines Moorlehrpfades (Kenagh, Co. Longford, Tel. 043 332 23 86, www.heritageireland.ie; Mai–Sept. tgl. 10.00–18.00 Uhr).
Die Überschwemmungsgebiete der **Shannon Callows** TOPZIEL zwischen Athlone und Portumna sind ein einzigartiges Ökosystem und Heimat für eine Fülle von Tieren und Pflanzen (National Parks & Wildlife Service, www.npws.ie). Der im 6. Jh. vom hl. Kieran auf einem Hügel über dem Shannon gegründete Klosterkomplex

> *A flea and a fly in a flue*
> *Were imprisoned, so what could they do?*
> *Said the fly, „let us flee!" / „Let us fly!" said the flea.*
> *So they flew through a flaw in the flue.*
>
> Ogden Nash, vor allem für seine Limericks beliebter US-amerikanischer Dichter

von **Clonmacnoise** TOPZIEL war ein Zentrum der Gelehrsamkeit, im Mittelalter von Wikingern gebrandschatzt und 1552 von Engländern zerstört. Von der einstigen Größe zeugen noch Gräber und Mauern, Kirchen, Häuser, Rundtürme und ein Besucherzentrum (www.heritageireland.ie; Kernzeit tgl. 10.00–17.30 Uhr).

INFORMATION
Tourist Information Office, Athlone Castle, Athlone, Co. Westmeath, Tel. 090 649 46 30, www.athlone.ie

Birr

Die elegante Kleinstadt (4400 Einw.) mit ihren georgianischen Straßenzügen geht auf ein keltisches Kloster zurück. Seit dem 17. Jh. ist Birr Castle Sitz der Familie Parson und heute die Hauptattraktion des Ortes.

SEHENSWERT
Ziergärten, seltene Pflanzen und die laut Guinness-Buch höchsten Buchsbaumhecken der Welt im Park von **Birr Castle** entschädigen dafür, dass das Schloss der Familie Parson nur von außen zu bewundern ist. Auf einer Wiese wird der Leviathan präsentiert, das leistungsstärkste Fernrohr seiner Zeit, das der Earl of Rosse 1842 für seine astronomischen Studien aufstellen ließ (www.birrcastle.com; März–Okt. tgl. 9.00–18.00, sonst tgl. 10.00–16.00 Uhr).

HOTEL UND RESTAURANT
Es gelang, die einstige Guinness-Mälzerei in € **The Maltings B & B** zu verwandeln und dabei den Charme und den historischen Charakter des Gebäudes zu bewahren (Castle Street, Tel. 057 912 13 45, www.themaltingsbirr.com).

Etwas außerhalb können Freunde strohgedeckter Cottages in €€/€ **The Thatch** einkehren. Seit über 200 Jahren in Familienbesitz, serviert einer der ältesten Pubs im County seinen Gästen moderne irische Küche (Crinkill, Tel. 057 912 06 82, www.thethatchcrinkill.com).

AKTIVITÄTEN
Kanufahren, Klettern, Bogenschießen oder Abseilen gehören zum Programm des **Birr Outdoor Education Centre** (www.birroec.ie). Radfahrer und Wanderer können östl. von Birr die **Slieve Bloom Mountains** mit Mooren und Wäldern erkunden (www.slievebloom.ie).

UMGEBUNG
Nordw. von Banagher liegt der vom hl. Brendan im 6. Jh. gegründete Klosterkomplex von **Clonfert**, der durch das mit Tier- und Menschenköpfen verzierte Portal der Clonfert Cathedral (Urspr. 12. Jh.) große Bekanntheit erlangte.

INFORMATION
Offaly West Enterprise Soc. Ltd., Crank House, Banagher Co. Offaly, Tel. 057 915 21 55, www.visitoffaly.ie

---

Tipp

Brennende Leidenschaft

„Today's rain is tomorrow's whiskey", sagen Iren. Ohne diesen irischen Optimismus gäbe es trotz reichlichen Regens auch keinen Whiskey mehr aus der ältesten Brennerei des Landes. Abstinenzlerbewegung und amerikanische Prohibition, Irlands Abspaltung von Großbritannien und zwei Weltkriege hatte der kleine Whiskeybetrieb überstanden – den Garaus machten ihm die innovativere schottische Konkurrenz, Misswirtschaft und eine satte Erhöhung der Alkoholsteuer. Locke's Distillery musste den Betrieb einstellen. Seit 1757 war am Fluss Brosna Whiskey gebrannt worden. Nur der nordirische Produzent Old Bushmills behauptet, schon viel früher eine Brennlizenz erhalten zu haben. Eindeutig belegen kann er das jedoch nicht. Es wurde mit Locke's Distillery also nicht irgendeine, sondern die älteste Whiskeybrennerei Irlands gerettet, als eine Bürgerinitiative 1982 beschloss, aus dem stillgelegten Betrieb ein Museum zu machen. Ihr Lohn für den Einsatz: Zum 250. Geburtstag der Brennerei 2007 lief die Whiskey-Produktion wieder an. Nun können Besucher nach einer Führung echten Locke's Single Malt kosten und sich beim Blick auf Irlands Regenwolken in Optimismus üben.

INFORMATION
Kilbeggan Distillery Experience, Kilbeggan (30 km östl. von Athlone), Tel. 057 933 21 34, www.kilbeggandistillery.com; April–Okt. tgl. 9.00 bis 18.00, sonst tgl. 10.00–16.00 Uhr

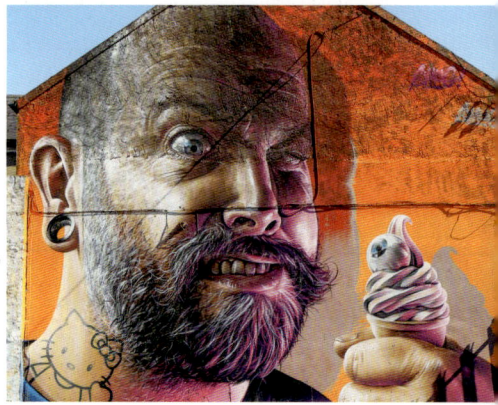

Hier fließt Kilbeggans Lebenswasser (links). Athlone Castle (rechts oben). Irischer Humor in Limerick (rechts unten)

❹ Limerick

Die fünfzeiligen Scherzgedichte gleichen Namens haben ihren Ursprung vermutlich nicht in Limerick. Dass Humor, Kunst und Kultur hier dennoch eine Heimat haben, bewies die von Wikingern im 10. Jh. gegründete 57 000-Einw.-Stadt 2014 als Irlands erste National City of Culture mit beeindruckendem Programm.

SEHENSWERT

Zu Beginn des 13. Jh. ließ sich der englische König Johann Ohneland **King John's Castle** bauen; die multimediale Ausstellung des Besucherzentrums erweckt 800 Jahre dramatische Geschichte zum Leben (Nicholas Street, www.shannonheritage.com; Kernzeit tgl. 9.30 bis 17.00 Uhr). Eine Stadtbesichtigung ist nicht komplett ohne den Besuch des ältesten Bauwerks von Limerick, der im 12. Jh. errichteten **St. Mary's Cathedral** mit den eindrucksvollen Schnitzereien des Chorgestühls (Bridge Street, www.saintmaryscathedral.ie, Mo.–Fr. 9.00–17.00, Sa. bis 16.00 und So. 13.30–16.00 Uhr). Die Vielfalt allerbester Lebensmittel macht Limericks **Milk Market** zu einem lukullischen Paradies (Cornmarket Row, www.milkmarketlimerick.ie; Fr. 10.00–15.00, Sa. 8.00 bis 15.00, So. 11.00–15.00 Uhr).

MUSEUM

In der Schatzkammer des renommierten **Hunt Museum** befindet sich neben keltischem Kulturerbe und exquisiten Gemälden auch die „Dekadrachme von Syrakus", einer jener 30 Taler, mit denen Judas Ischariot für seinen Verrat belohnt worden sein soll (Rutland Street, www.huntmuseum.com; Mo.–Sa. 10.00–17.00, So. 14.00–17.00 Uhr). Die **City Gallery of Art** präsentiert u. a. irische Maler des 19. und 20. Jh. wie Jack B. Yeats, Paul Henry und Séan Keating (Pery Square, www.gallery.limerick.ie; Mo.–Sa. 10.00–17.30, So. 12.00–17.30 Uhr).

HOTEL UND RESTAURANT

Als doppelt gut erweist sich das €€/€ **Kilmurry Lodge Hotel** mit seiner € **Nelligan's Bar**, in der warme Ziegenkäsetörtchen, Kabeljau im Bierteig und Urgroßmutters Käsekuchen zu haben sind (Dublin Road, Castletroy, Tel. 061 33 11 33, www.kilmurrylodge.com).

UMGEBUNG

Zerstört und immer wieder aufgebaut: **Bunratty Castle** (westl.; 15. Jh.) und sein Museumsdorf Folk Park sind zu Recht vielbesucht (www.shannonheritage.com; tgl. 9.00–17.30 Uhr). Das Foynes Flying Boat & Maritime Museum erinnert in einem ehem. Terminalgebäude an den Zweiten Weltkrieg, als **Foynes** (35 km westl.) für Flugboote, die den Atlantik überqueren, ein Luftfahrtzentrum war (www.flyingboatmuseum.com). In diesen Zeiten soll hier der legendäre Irish Coffee erfunden worden sein.

INFORMATION

Tourist Information Office, 20 O'Connell Street, Limerick, Tel. 061 31 75 22, www.failteireland.ie

---

AM SHANNON RIVER
84 – 85

Genießen   Erleben   Erfahren

Im Paddelparadies

DuMont Aktiv

Als Revier für Hausbootkapitäne ist der Shannon bekannt. Alle, die es etwas sportlicher und nasser mögen, können die Wunder des Flusses und seiner Seen aber auch im Kanu erkunden.

Gleichmäßig taucht das Blatt des Paddels ins Wasser und zerteilt leise plätschernd dessen Oberfläche. Ein paar Enten flüchten in das mannshohe Uferschilf. Im gemächlichen Rhythmus der Paddelbewegungen schalten auch die Gedanken mehrere Gänge herunter, und lange Zeit beschäftigt nur noch eine Frage: War der blaue Blitz, der vor dem Bootskiel gerade aus dem Wasser schoss, tatsächlich ein Eisvogel? Für gemütliche Kanufahrten ist der Shannon ideal, erst recht nach der Einrichtung der sogenannten Blueways. Dieses Netz aus Wasser-, Wander- und Radwegen wurde in den letzten Jahren enorm erweitert und umfasst inzwischen rund 200 Kilometer. So ermöglicht der 2016 eröffnete Shannon-Erne-Blueway 70 Kilometer reine Paddelfreude von Leitrim Village bis hinauf in das nordirische County Fermanagh.

Wer es mit eigener Armkraft von Banagher bis zu den Zwillingsstädten Killaloe und Ballina schaffen möchte, findet bei Noel und Brendina O'Meara zweisitzige Kanadier, komplett ausgerüstet mit Camping- und Sicherheitsausrüstung, vielen Routenvorschlägen und Übernachtungstipps. Der Weg nach Killaloe führt über Irlands drittgrößten See. Lough Derg ist für Wassersportler aller Art sehr attraktiv, und das von der Universität von Limerick betriebene Activity Centre hält entsprechendes Equipment und ein breites Kursprogramm bereit.

Informationen

Alles über die **Blueways** mit Streckenlängen und Karten findet sich im Internet auf www.bluewaysireland.org.
Shannon Adventure Canoeing & Camping Holidays, Noel und Brendina O'Meara, The Marina, Banagher, Offaly, Tel. 057 915 14 11, www.iol.ie/~advcanoe/index.html
Universität von Limerick Activity Centre ULAC, Twomilegate, Killalie, Co. Clare, Tel. 061 37 66 22, www.ulac.ie

Wild at heart

Wo die Einsamkeit groß und das Grollen des Atlantiks nah ist, wo es mehr Feen als Bäume gibt und noch immer kehliges Keltisch gesprochen wird, dort schlägt das wilde Herz des irischen Westens. Seine Natur weckt Sehnsüchte, seine Städte feiern Kunst und Kultur, und vor seiner Küste trägt das Eiland Inis Mór eine der spektakulärsten archäologischen Stätten des Landes.

Achill Island mit seinen Feriencottages bietet im Sommer Ruhe und Abgeschiedenheit

Wanderer bei Lecanvey im Schatten des Berges Croagh Patrick

„Der Regen ist hier absolut, großartig und erschreckend. Diesen Regen schlechtes Wetter zu nennen, ist so unangemessen, wie es unangemessen ist, den brennenden Sonnenschein schönes Wetter zu nennen."

Heinrich Böll in seinem „Irischen Tagebuch"

Wenn der Atlantik Anlauf nimmt und von Stürmen der Stärke 12 angefeuert heftig gegen die Küste prügelt, taucht im Wetterbericht meist ein Name auf: Malin Head – der nördlichste Zipfel Irlands. Hier lassen die in Mitteleuropa berüchtigten Islandtiefs als Erstes ihre Regenfracht ab – ein von allen Wettern geprüfter, aber dennoch gesegneter Ort. Unterwegs zu seinem Exil in Schottland, verweilte der irische Mönch Colm Cille im Jahr 563 ein letztes Mal auf den Klippen von Inishowen und sprach einen Segen, wissend, dass er Irland nicht wiedersehen würde. Nicht die fjordartigen Meeresarme, nicht das Glitzern der riesigen Sanddünen nahe Trawbreaga Bay und auch nicht die Polarlichter, die in klaren Winternächten über Donegals Nordküste tanzen.

Im Tal des Lebens
Am Malin Head beginnt auch der Wild Atlantic Way. Die über 2500 Kilometer lange Fernroute reicht von der Halbinsel Inishowen nördlich Derry bis hinunter nach Kinsale im County Cork. Rund 3800 Schilder mit der charakteristischen Zackenlinie im Logo weisen den Weg. Auch wenn viele Iren über die Wiederentdeckung der „Donkey old Roads" schmunzeln, so freuen sie sich doch darüber, dass diese Marketingidee dem touristisch unbeachteten Norden mehr Besucher bringt. Die stehen dann gebannt an den Klippen von Slieve League, die 600 Meter ins Meer hinab rasen und die berühmteren Cliffs of Moher mit gerade einmal 214 Metern wie Zwerge aussehen lassen. Der 16 000 Hektar umfassende Glenveagh National Park imponiert indes nicht nur mit seiner Größe. „Tal des Lebens" ist die Übersetzung seines irischen Namens Gleann Bheatha. Zwischen Seen, Mooren und einem der letzten unberührten Eichen- und Birkenwälder Irlands hat eine Rotwildherde ihre Heimat gefunden, und auch Steinadler wurden in Glenveagh erfolgreich wieder angesiedelt.

Seelenlandschaft
Auch außerhalb des Parks zeigt sich Irlands Westen wild, erhaben und so vollkommen, dass der Dichter William Butler Yeats ihn zu seiner spirituellen Heimat erkor. In einem Dubliner Vorort geboren, verbrachte Yeats viele Sommerferien bei der Familie seiner Mutter in der Grafschaft Sligo und ließ seine Seele das Gespräch mit Himmel, Meer, Wäldern und Wasserfällen suchen. Yeats' Nähe zur Natur schloss eine Faszination für Übersinnliches ein. Denn menschenleere Landschaften ließen für phantastische

Die wilden Cliffs of Moher gehören zu Irlands beliebtesten Ausflugszielen

In Galways Einkaufsmeile Shop Street ist immer für Unterhaltung gesorgt

Nicht nur in der Shop Street reihen sich Geschäfte, Pubs und Cafés: Galway ist das wirtschaftliche und kulturelle Zentrum des irischen Westens

„The Skeff Bar" am Eyre Square ist einer der größten und schönsten Pubs in Galway

An den Ufern des Garavogue River rund um die Stephen Street schlägt Sligos Herz

Legenden von keltischen Göttern Raum, von der Feenkönigin Maeve, die auf dem Berg Knocknarea südwestlich von Sligo begraben liegt, und von dem Reiter, der die Seelen böser Menschen zum Teufel bringt. Mit einer Inschrift auf seinem Grabstein in Drumcliff richtete sich Yeats direkt an den Höllenboten: „Reiter, schau kalt / auf Leben, auf Tod / mach hier nicht Halt" und meint damit nichts anderes als: Bei mir gibt es nichts zu holen für dich.

Irischer Revolutionsexport

Aberglaube und Mythen wurden in der Abgeschiedenheit des irischen Westens als kulturelles Erbe ebenso bewahrt wie das Gälische. In den Sprachreservaten der „Gaeltacht" ist es für viele Iren immer noch Mutter- und Alltagssprache. Das inselkeltische Idiom hatte er ihm zwar nicht vererbt, doch darauf, dass in den Adern seines Sohnes das Blut irischer Rebellen floss, legte der Vater von Ernesto Che Guevara großen Wert. Der bekannteste Guerillaführer des 20. Jahrhunderts war ein Enkel von Anna Isabel Lynch, deren Eltern aus Galway stammten. Nicht verwunderlich, dass man auf der grünen Insel den rebellischen Geist von Che als typisch irisch feiert und ihn in der Tradition des eigenen Kampfes gegen die britische Kolonialmacht sehen möchte.

An der Heimat der Familie Lynch wie am gesamten Westen der Insel waren die Briten allerdings nicht besonders interessiert. Zu viel Sumpf, Steine und Elend, befand der englische Lord-Protektor Oliver Cromwell 1649, und drohte seinen irischen Gegnern fortan mit einer Vertreibung in die Ödnis dieser Provinz: „Zur Hölle oder nach Connacht".

Beim Herrn der Ringe

Besonders missfiel Cromwell der Burren, eine als Mond verkleidete Welt aus kahlen Kalksteinformationen, in der sich „kein Wasser zum Ertränken, kein Baum zum Hängen" finden ließ. Das Buch der Erdgeschichte ist in dieser schier endlosen Steinwüste bei einem seiner ältesten Kapitel aufgeschlagen. Vor 360 Millionen

Achill Islands großartige Landschaft zieht seit jeher Künstler an

Jahren lag der Burren auf dem Grund eines warmen Ozeans. Tektonische Kräfte schoben ihn nach oben. Eiszeitliche Gletscher verpassten dieser Landschaft schließlich den letzten Schliff. Sie zogen sich zurück, Samen arktischer Gewächse aber blieben und tragen zu einer in Europa einzigartigen Flora bei. Inmitten dieser bizarren Welt befindet sich die Höhle Poll na gColm (Gollums Loch). Sie soll J.R.R. Tolkien Inspiration für die Figur Gollum in seinem Roman „Der Herr der Ringe" gewesen sein.

Am Ende Europas

Die Aran Islands bilden geologisch die Fortsetzung des Burren. Der Archipel aus unbewohnten Inselchen und den Hauptinseln Inis Mór, Inis Meáin und Inis Oírr liegt wie eine Flotte aus Felsenschiffen in der Galway-Bucht. „Der letzte Außenposten des alten Europa" nannte sie der Dramatiker J.M. Synge. Trockensteinmauern fassen die wenigen fruchtbaren Felder ein. Aus den vielen prähistorischen und frühchristlichen Zeugnissen ragt das über 3000 Jahre alte Steinfort Dun Aengus auf Inis Mór heraus. Mit seinen halbrunden Wällen balanciert es spektakulär am Rand einer Steilklippe und lässt vermuten, dass die andere Hälfte der einst ringförmigen Anlage bereits ins Meer stürzte.

Aran-Pullover

Special

Die Masche der Iren

In Irland können auch Kleidungsstücke Karriere machen. Die Pullover von den Aran-Inseln haben es von der praktischen Fischerkluft zum begehrten Modeartikel gebracht.

Schwer waren die ersten Aran-Pullover, ölig und aus grob gesponnener Wolle, aber warm und fast wasserdicht. Von selbst waren die Frauen der Aran-Inseln allerdings nicht darauf gekommen, ihren Seemännern solche nützliche „Geansaí" zu stricken. Erst ein Programm zur Armutsbekämpfung Anfang des 20. Jahrhunderts, mit dem auch die Heimarbeit von Frauen propagiert wurde, machte sie zu passionierten Strickerinnen. Mit jeder Masche wurden auch die Legenden um die Geschichte der Pullover länger. Die, dass jede Familie ein eigenes Muster hatte und tote Fischer anhand dessen identifiziert werden konnten. Wahr ist, dass jede Strickerin einen eigenen Stil pflegte und sich von keltischen Ornamenten und der

irischen Landschaft inspirieren ließ, von den Zickzacklinien der Klippen, von Bienenwaben und den Tauen der Fischerboote. Weltweite Bekanntheit erlangten die Aran-Pullover durch die nach Amerika ausgewanderte Folk-Band „The Clancy Brothers", die bei jedem ihrer Auftritte die weißen Zopfpullover ihrer Heimat trugen. Heute werden die meisten Aran-Sweater maschinell produziert. Nur wenige Frauen machen es wie Mary O'Flaherty auf Inis Mór und stricken noch per Hand.

Inishmore: Wenn es der irische Sommer gut meint, bieten die Aran Islands geradezu südliches Flair

Der Westen Irlands lockt die Surferszene: Lehinch etwas südlich der Cliffs of Moher

Badevergnügen unter fürsorglicher Aufsicht: Strand von An Spideal an der Galway Bay

> DUMONT THEMA

TORF

Irland baut sich ab

Irische Torfstecher verheizen ihr Land im heimischen Herd. Das hat Folgen für die Umwelt und spaltet die Gesellschaft. Wollen die einen billigen Brennstoff und Traditionen bewahren, kämpfen die anderen gegen das Moorsterben und den Klimakiller Torf.

Wenn man die Berge sehen kann, wird es gleich regnen. Und wenn man sie nicht sehen kann? Dann regnet es. Der reichliche Regen schenkt den Iren nicht nur solche Wetter-Weisheiten. Ihm haben sie auch den schwarzen Schatz ihres Landes zu verdanken – Torf.

Beständiger Niederschlag, wasserundurchlässige Böden und der damit verbundene Sauerstoffmangel verhindern, dass pflanzliche Reste abgebaut werden können. Sie vertorfen. Moore sind quasi missglückte Komposthaufen. Innerhalb eines Jahres wächst die Torfschicht um einen dünnen Millimeter. Was in Irlands mächtigen Mooren, „Bogs", in Tausenden Jahren meterdick angewachsen ist, verbrennt binnen einer Stunde im Kamin. Der Heizwert von Torf ist zwar geringer als der von Kohle, aber die Bezugsquellen liegen in Irland ja direkt vor der Haustür. Vor allem die Bewohner ländlicher Gebiete besitzen noch Nutzungsrechte am Moor. Aus dem sechs Quadratkilometer großen Clonmoylan Bog im Süden von Galway beziehen beispielsweise rund 900 Familien Heizmaterial, überwiegend für den Eigenbedarf, einige treiben aber auch Handel mit Torfbriketts. Ganze Generationen dieser Familien haben hier

Ein charakteristisches Bild für Irlands Moore: blühendes Wollgras

bereits die Erde aufgerissen, mit speziellen Spaten Torfsoden abgestochen und zum Trocknen pyramidenförmig gestapelt. Nach Jahrzehnten der Ausbeutung bleiben klaffende Wunden zurück, die sich längs durch die Landschaft ziehen. Kratergroß geraten die Löcher, wenn beim industriellen Abbau schwere Torfbagger eingesetzt werden. Der größte Produzent ist das halbstaatliche Unternehmen Bord na Móna, das rund fünf Millionen Tonnen Torf im Jahr fördert und zur Energieerzeugung in Kraftwerken verbrennt.

Kultur oder Natur

Torf ist genug für alle da, behaupten die Befürworter des Abbaus. Sie irren. Nur 15 Prozent der Landesfläche in der Republik Irland werden noch von Mooren bedeckt, allesamt einzigartige Ökosysteme, die seltenen Tier- und

Gestochenes Torf muss im Wind trocknen. Erst danach kann es abtransportiert und genutzt werden

Pflanzenarten einen Lebensraum bieten. Wenn wir Flora und Fauna bewahren, lassen wir Männer und Frauen frieren – lautete die stark vereinfachte Gleichung, die Irlands Umweltbewegung lähmte, bis die Europäische Union 1999 eingriff und einige der Moore unter Schutz stellen wollte. Irland sollte in einer Übergangsphase von zehn Jahren die nötigen Maßnahmen umsetzen. Ergebnisse nach Ablauf der Frist: keine. Erkenntnisse: Iren können meisterhafte Ignoranten sein. Die Iren seien nun mal ein Volk von Torfstechern, die man nicht von ihrem Feuer vertreiben könne, ohne die irische Kultur zu zerstören. Gegen diese Torfstecher-Romantik setzten irische Naturschützer auf Fakten: Moore speichern CO_2. Werden sie angestochen, entweicht es in die Atmosphäre. Neuere Studien weisen nach, dass Irlands Moore genau so viel CO_2 ausstoßen wie alle irischen Autos zusammen.

Was aber fürchten Iren mehr noch als den Klimawandel? Neue Kolonialherren. Die Republik Irland ist erst seit 1921 unabhängig. Davor gehörte sie zu Großbritannien, und unter britischer Herrschaft war Iren der Besitz von Grund und Boden untersagt. Wenn nun die EU reglementieren will, wie Privateigentum zu nutzen sei, wecke das böse Erinnerungen, trumpften die Torfstecher auf. Patriotismus schlägt Umweltschutz.

Als die EU am Ende ihrer Geduld 2012 ein völliges Torfstechverbot in den geschützten Mooren durchsetzen wollte, besetzten die Mitglieder der „Barroughter and Clonmoylan Bogs Action Group" kurzerhand die Moore, nach denen sie ihre Gruppe benannt hatten, und lieferten sich nächtliche Katz-und-Maus-Spiele mit der Polizei. Die bot derweil sogar Helikopter auf, um illegalen Torfabbau zu verhindern. Von Bog Wars, Moorkriegen, war auf dem Höhepunkt der Auseinandersetzungen die Rede. Die Durchhalteparole lautete: „Cut turf – Yes, we can, yes we will."

Wer ist schuld?

Mittlerweile sind Irlands Moore so stark geschädigt, dass nur knapp acht Prozent überhaupt noch schützenswert sind. Die Handernte falle da kaum noch ins Gewicht, heißt es in neuen Strategiepapieren des zuständigen Ministeriums für Kunst und Kulturerbe. In vielen Gebieten wurden Torfstechverbote wieder aufgehoben. Der Fokus liegt nun auf dem industriellen Abbau. Bord na Móna hat zwar mit der Renaturierung ehemaliger Abbaugebiete begonnen, einen totalen Stopp der Torfförderung aber erst für 2030 angekündigt. Zu spät, sagen die Umweltschützer. Zu spät, meinen auch die Torfstecher in Galway, die sich freuen, dass endlich der einzig wahre Schuldige gefunden scheint. Am Ende konnten sich beide Lager wenigstens auf Bord na Móna als gemeinsamen Feind einigen.

Würde die Energie, die im Streit um den Torfabbau freigesetzt wurde, als Brennstoff taugen – es wäre wunderbar warm auf der ganzen Insel.

Informationen

Lieber schmatzende Moore und fleischfressende Pflanzen statt trockener Argumente? Das **Clochar na gCon/Bealacooan Bog Nature Reserve** im Süden Connemaras bietet Wanderern echte Naturerlebnisse (www.npws.ie)

INFOS & EMPFEHLUNGEN

Irlands raue Seite

So wild die Küste, so groß der Reichtum an archäologischen Schätzen und so quirlig das Leben in den Städten Donegal, Sligo und Galway. In der Mondlandschaft des Burren spazieren, die Heimat einer literarischen Legende entdecken, die besten Surf-Strände finden oder sich in Algen aalen – es gibt wenig, was der Westen nicht zu bieten hätte.

Donegal

Der gälische Name Dún na nGall der Bezirkshauptstadt (2600 Einw.) bedeutet so viel wie „Festung der Fremden" und erinnert damit an die Gründung als Wikinger-Handelsstützpunkt im 9. Jh.

SEHENSWERT

Auf dem **Diamond,** dem im 17. Jh. geprägten Zentrum Donegals, ehrt ein Obelisk die „Vier Meister", vier Mönche des nur noch in Resten vorhandenen Franziskanerklosters (Urspr. 16. Jh.), die in ihren monumentalen Annalen Irlands reichen Schatz an Mythen und Geschichten bewahrten. Nahebei thront **Donegal Castle,** die immer wieder veränderte Stammburg der O'Donnells, auf einem Felssporn (März–Sept. tgl. 10.00–18.00, sonst Do.–Mo. 9.30–16.30 Uhr).

HOTEL UND RESTAURANT

Unweit des Stadtzentrums empfängt € **The Gateway Lodge** ihre Gäste mit bestens ausgestatteten Zimmern. Das hauseigene €€/€ **Blas@thegateway** kann sich eines preisgekrönten Chefkochs rühmen (Lough Eske Road, Tel. 074 974 04 05, www.thegatewaydonegal.ie).

UMGEBUNG

Vom Ort Teelin führen mehrere Wege zu den gewaltigen Klippen von **Slieve League**

Tipp

Irische Webkunst

In einem kleinen strohgedeckten Cottage auf der malerischen Halbinsel St. John's Point kann man Cindy Graham dabei zusehen, wie sie auf dem alten Webstuhl ihres Vaters Tücher, Westen, Schals und Taschen in den Farben der irischen Landschaft anfertigt und aus ihrer Kollektion atlantikblauer, moosgrüner und klippengrauer Textilien ein Lieblingsstück erwerben.

INFORMATION

Cyndi Graham Hand Weaving, St. John's Point, Dunkineely, Co. Donegal, Tel. 086 401 93 07

Typisch Nordirland: Ramelton nördlich Letterkenny (links). Die Klippen von Slieve League (rechts oben). Cyndi Grahams Webkunst in St. John's Point (rechts unten).

TOPZIEL, die mit über 600 m zu den höchsten Klippen Europas gehören. Die Seen, Schluchten, Wälder und Berge des rund 16 000 ha großen **Glenveagh National Park** sind Heimat von Steinadlern und einer der größten Rotwildherden Irlands (Churchill, Letterkenny, www.glenveaghnationalpark.ie; März–Okt. tgl. 9.15 bis 17.30, sonst tgl. 9.00–17.00 Uhr).

INFORMATION

Discover Ireland Centre, The Quay, Donegal Town, Tel. 074 972 11 48, www.donegaltown.ie

 Sligo

Die landschaftlich reizvoll gelegene Wikingergründung (19 400 Einw.) nennt sich „Tor zum Nordwesten", ist mit ihrem reichen Kunst- und Kulturangebot aber alles andere als eine bloße Durchgangsstation.

MUSEEN

Das **Sligo County Museum** widmet sich schwerpunktmäßig dem Leben des Literaturnobelpreisträgers William Butler Yeats (1865

bis 1939) und Werken seines malenden Bruders Jack (Stephen Street; Mai–Sept. Di.–Sa. 9.30–12.30 und 14.00–16.50, Okt.–April Di.–Sa. 9.30–12.30 Uhr). **The Model** zählt mit seinen wechselnden Ausstellungen, Workshops und Bildungsprojekten zu den führenden Zentren zeitgenössischer Kunst in Irland (The Mall, www.themodel.ie; Di.–Sa. 10.00–17.00, So. 10.30–15.30 Uhr).

VERANSTALTUNGEN

Zu Ehren des großen Dichters finden alljährlich die **Yeats International Summer School** mit Lesungen, Workshops und Seminaren statt (www.yeatssociety.com).

HOTEL UND RESTAURANT

Mit der unweit des Zentrums gelegenen € **B & B Pearse Lodge** bucht man moderne Zimmer und ein reichhaltiges Frühstücksangebot (Pearse Road, Tel. 071 916 10 90, www.pearselodge.com).

INFOS & EMPFEHLUNGEN

Unwiderstehliche Kuchen, Lunch-Spezialitäten, Tapas und Pies gibt es in der € **Osta Cafe & Wine Bar** (Garavogue Weir, Stephen Street, Tel. 071 914 46 39).

UMGEBUNG
Auf dem Kirchhof von **Drumcliff** (nördl.) hat W. B. Yeats seine letzte Ruhestätte gefunden. Die vor etwa 6500 Jahren angelegten Ganggräber von **Carrowmore** (südw.) bilden Irlands größten Megalithfriedhof, der nach Ansicht einiger skandinavischer Wissenschaftler die älteste Begräbnisstätte Europas ist (www.heritageireland.ie; Gräber ganzjährig frei zugänglich, Visitor Centre Ende März–Mitte Okt. tgl. 10.00–18.00 Uhr). **Céide Fields** (90 km westl.) gilt als die flächenmäßig größte Steinzeitfundstätte Europas; von den Grenzmauern, Steinhütten und Gräbern, die Ackerbauern und Viehzüchter hier vor 5000 bis 6000 Jahren errichteten, wurde bislang nur ein Bruchteil ausgegraben (www.ceidefields.com; Visitor Centre, Ende März–Okt. 10.00–17.00, Juni–Sept. bis 18.00 Uhr).
Wellness auf Irisch gefällig? Die knackig-öligen Algenbäder im Kilcullen's Seaweed Bath von **Enniscrone TOPZIEL** versprechen Entspannung und helfen gegen Arthritis und Rheuma (Tel. 096 3 62 38, www.kilcullenseaweedbaths.net; Juni–Aug. tgl. 10.00–21.00, Sept.–Mai Mo. bis Fr. 12.00–20.00, Sa./So. 10.00–20.00 Uhr).

INFORMATION
Sligo Tourism, O'Connell Street, Sligo, Tel. 071 916 12 01, www.sligotourism.ie

❸ Westport

Mit eleganten georgianischen Straßenzügen im Zentrum und der inselübersäten Clew Bay vor der Haustür beweist Westport (5800 Einw.), dass auch am Reißbrett Entworfenes ansehnlich sein kann. Um 1780 war der Ort als Hafenplatz angelegt worden.

> **Tipp**
>
> ### Kulinarischer Zwischenstopp
>
> Zeit, Geschick und Geduld – mehr brauchen die Räucherexperten des Burren Smokehouse nicht, um aus bestem Bio-Lachs preisgekrönten Räucherlachs zu machen. Lachsbrötchen, Räucherkäse oder andere Gourmetprodukte aus der Region für ein Picknick an den Cliffs of Moher gefällig?
>
> **INFORMATION**
> Kincora Road, Lisdoonvarna, Co. Clare, Tel. 065 707 44 32
> www.burrensmokehouse.com

Vorgeschichtlicher Burren: Poulnabrone-Dolmen (links) und Burren-Landschaft (rechts unten). Strand von Bundoran nördlich Sligo (rechts oben).

SEHENSWERT
Der städtische Mittelpunkt ist der **Octagon**-Platz samt Rathaus, Gerichtsgebäude, Markthallen und Denkmal des hl. Patricks. Im ehem. Hafenlagerhaus präsentiert das **Clew Bay Heritage Centre** Lokalgeschichte (The Quay, www.westportheritage.com; Mo.–Fr. 10.00 bis 14.00 Uhr).

AKTIVITÄTEN
Terra Firma Ireland bietet **Dark Sky Safaris** im **Ballycroy National Park** an (www.terrafirmaireland.com). Am Reek Sunday, dem letzten Juli.-So., erklimmen einige Tausend Pilger den Gipfel des **Croagh Patrick** (764 m; südw.). Radfahrer und Wanderer nutzen den **Great Western Greenway**, urspr. eine Bahntrasse nach Achill Island (www.greenway.ie).

HOTEL UND RESTAURANT
Am Hafenkai mit Blick auf die Clew Bay liegt das €€ **Westport Coast Hotel**. Auf dessen Dachterrasse serviert man im €€ **The Waterfront Restaurant** feine Gourmet-Küche zu moderaten Preisen (The Quay, Tel. 098 2 90 00, www.westportcoasthotel.ie).

UMGEBUNG
Eine Brücke verbindet **Achill Island**, Irlands größte Insel, mit dem Festland. Von Achill Head im Westen der Insel bestaunt man die über 660 m hohen **Cliffs of Croaghaun TOPZIEL**.

INFORMATION
Tourist Office, Bridge Street, Westport, Tel. 098 2 57 11, www.westporttourism.com

❹ Galway

Die mit 79 500 Einw. größte Stadt des irischen Westens ist Magnet für Studenten, Künstler und Touristen, die das reiche keltische und spanische Erbe der Stadt ebenso schätzen wie ihre lebendige gälische Kultur und das rege Nachtleben. Die Rückeroberung Irlands durch Oliver Cromwell hatte für die Handelsstadt eine nahezu völlige Zerstörung im 17. Jh. zur Folge.

SEHENSWERT
Auf dem zentralen **Eyre Square** erinnert eine Skulptur (2006) an den charakteristischen

regionalen Arbeitssegler Galway Hooker und damit an die Handelsvergangenheit der Stadt. In der 1320 erbauten **St. Nicholas' Church** (Lombard Street) soll einer Legende nach Christoph Kolumbus gebetet haben, bevor er 1492 nach Amerika segelte. Auf **Lynch's Castle** (16. Jh.; Abbeygate Street) lebte Bürgermeister James Lynch, der seinen von ihm wegen Mordes zum Tode verurteilten Sohn eigenhändig gehenkt haben soll – der erste Fall von Lynchjustiz.

MUSEUM
Das **Galway City Museum** präsentiert Zeugnisse der jüngeren bis ganz fernen Vergangenheit der Region (Spanish Parade, www.galwaycitymuseum.ie; Ostern–Sept. Di.–Sa. 10.00 bis 17.00, So. 12.00–17.00 Uhr).

VERANSTALTUNG
Ende Sept. lädt die Stadt zum **Austernfestival** mit frischen Muscheln, Musik und Unterhaltung (www.galwayoysterfestival.com).

HOTEL UND RESTAURANTS
Wohlfühlatmosphäre garantiert das am River Corrib gelegene €€/€ **B & B Heron's Rest** (16a The Long Walk, Tel. 091 53 95 74, www.theheronsrest.com).
€€/€ **McSwiggans** kombiniert einen Pub mit regelmäßiger Live-Musik und ein Restaurant mit guter Menü-Auswahl (3 Eyre Street, Tel. 091 56 89 17, www.mcswiggans.ie).

UMGEBUNG
Die wildromantische Welt von **Connemara TOPZIEL** mit schroffen Felshängen, Hochmooren und Bergseen wird auf knapp 3000 ha als Nationalpark geschützt (Visitor Centre, Letterfrack, Co. Galway, www.connemaranationalpark.ie; März–Okt. tgl. 9.00–17.30 Uhr). Vom Hafen **Ros a' Mhíl** verkehren Fähren

(www.aranislandferries.com) zu den drei abgeschiedenen **Aran Islands**. Auf Inishmore klebt am Rand einer Steilklippe das prähistorische Steinfort Dun Aengus.

INFORMATION
Tourist Office, Forster Street, Galway, Tel. 091 53 77 00, www.galwaytourism.ie

 **Ennis**

Die lebhafte Hauptstadt der Grafschaft Clare (20 400 Einw.) entstand aus einer Klostersiedlung (13. Jh.) und wird wegen der Vielzahl angesagter Modeläden auch „Boutique-Zentrum von Irland" genannt und ist ideale Basis für Ausflüge in die Umgebung.

SEHENSWERT
Die verwinkelten **Gassen** im Zentrum erinnern an Ennis mittelalterlichen Ursprung. Große historische Bedeutung hat die Franziskanerabtei **Ennis Friary** aus dem 13. Jh., einst eines der größten Klöster Irlands und heute vor allem mit den herrlichen Skulpturen am MacMahon-Grab eindrucksvoll (Abbey Street; Ostern–Sept. tgl. 10.00–18.00, Okt. tgl. 10.00–17.00 Uhr).

VERANSTALTUNGEN / AKTIVITÄTEN
Neben Kursen zum Erlernen von Fiddle, Harfe oder Set Dancing hat die Schule für gälische Musik **Cois na hAbhna** auch sommerliche Musik- und Tanzaufführungen im Programm (Galway Road, Tel. 065 682 42 76, www.coisnahabhna.ie). Zum Festival **An Fleadh Nua** kommen Ende Mai Musikgruppen aus dem ganzen Land in die Hauptstadt des „Singing County" (www.fleadhnua.com).

HOTEL UND RESTAURANTS
Unweit vom Stadtzentrum finden Gäste im € **B & B Glenomra House** eine humorvolle Gastgeberin und einladende Zimmer (Limerick Road, Tel. 065 682 05 31 www.glenomrahouse.com). Im schummrigen Ambiente bietet € **Brogan's Bar und Restaurant** herzhafte irische Gerichte und gelegentliche Folksessions (24 O'Connell Street, Tel. 065 684 43 65).

UMGEBUNG
Eiszeitgletscher haben den Kalksteinuntergrund des **Burren** flach geschliffen. In den Gesteinsritzen gedeihen Pflanzen unterschiedlichster Klimazonen. Der Poulnabrone-Dolmen der rund 4000 Jahre alten Grabstätte ist schon von weitem zu erkennen (The Burren Centre, Kilfenora, www.theburrencentre.ie; Juni–Aug. tgl. 9.30–17.30, März–Mai, Sept. und Okt. tgl. 10.00–17.00 Uhr).
An der spektakulären Steilküste **Cliffs of Moher TOPZIEL** stürzen die Klippen über 200 m in die Tiefe (Visitor Experience, www.cliffsofmoher.ie; Kernzeit tgl. ab 9.00–17.00/18.00 Uhr, im Sommer länger).

INFORMATION
Tourist Office, Arthur's Row, Ennis, Co. Clare, Tel. 065 682 83 66, www.visitennis.com

WESTEN
98 – 99

Genießen   Erleben   Erfahren

Thig a-staigh! Komm herein!

DuMont Aktiv

Cnoc Suain — ein gälischer Name, der Irlandreisenden nicht leicht von der Zunge rollt, aber alles hält, was er verspricht. Der „erholsame Hügel" liegt weit entfernt von der Welt dauerklingelnder Smartphones, überfüllter Züge und mürrischer Großstädter.

1995 haben Dearbhaill Standún und ihr Mann Charlie Troy den verfallenen Bergweiler aus dem 17. Jh. inmitten der wilden Heide- und Moorlandschaft Connemaras entdeckt und sich an die Arbeit gemacht. Heute finden Irlandreisende in den restaurierten Reetdach-Cottages wunderbare Ferienunterkünfte und können in Gälisch-, Koch-, Musik- und Tanzkursen am irischen Lebensgefühl teilhaben, Sodabrot backen, sich zu rhythmischen Lilting-Gesängen im irischen Volkstanz Céili ausprobieren oder vom Storyteller erfahren, wie man sich von den Feen eine Baugenehmigung für sein Haus einholen kann. Wie unauflöslich Irlands Landschaft mit der irischen Sprache verknüpft ist, begreifen Besucher beim Hören des alten keltischen Alphabets: Ailm, Beith, Coll – Ulme, Birke, Haselstaude. Jeder Baum ein Buchstabe und jeder gälische Ortsname eine Erinnerung an Geschichten oder Naturbeschreibungen, die durch englische Übersetzungen verloren gingen: Dún na nGall (Donegal) – Festung der Gallier –, An Clochán (Clifden) – Die steinige Gegend – und Cloch na Rón (Roundstone) – Fels der Seehunde.

Eine liebenswerte Sprache, von der es heißt, man trage sie nicht auf der Zunge, sondern im Herzen. Mit den tiefen Einblicken in den Kosmos der keltischen Vorfahren baut Cnoc Suain eine Brücke zwischen Einheimischen und Fremden, zwischen Gestern und Heute und bewahrt so den Reichtum der gälischen Kultur. Go raibh míle maith agaibh! Tausend Dank!

Informationen

Cnoc Suain, Moycullen Road, Spiddal, Connemara, Galway, Tel. 091 55 57 03, www.cnocsuain.com

Nordirlands neues Leben

Eine Insel, zwei Länder. Was einst einen Bürgerkrieg auslöste, bekommt in Friedenszeiten einen besonderen Reiz: alles very british und doch typisch irisch. Nordirland vereint das Beste beider Nationen. Die zu Großbritannien gehörende Region punktet zudem mit spektakulären Küsten, sagenhaften Naturwundern und der boomenden Hauptstadt Belfast.

Wie die Kanten von Eisberg und Schiffsbug wirkt die Fassade des Titanic Belfast Museum

In Belfast lacht es vom Himmel. Möwen sind es, die mit ihrem krächzenden und quiekenden Lachen die Stadt beschallen, als erzählten sie sich unentwegt besonders lustige Witze. Im Flug tragen sie ihre Fröhlichkeit über elegante viktorianische Häuser, über Kopfsteinpflastergassen, den Fluss Lagan und die roten Backsteinbauten der Arbeiterviertel. Mit weit ausgebreiteten Schwingen kreisen sie wie hunderte kleine Kreuze über der Stadt, in der Katholiken und Protestanten den Frieden immer noch üben. Mit Erfolg, wie viele Belfaster stolz betonen, und beim Blick auf das Belfast von Heute fällt es tatsächlich schwer zu glauben, dass Stacheldraht und Straßensperren, gepanzerte Fahrzeuge, Brandbomben und Heckenschützen hier lange Zeit Alltag waren. Doch Bürgerkrieg in Belfast – das war vorgestern.

Boom für Belfast

Heute schenken indische und libanesische Restaurants, polnische Lebensmittelläden und französische Boutiquen Belfast ein kosmopolitisches Gesicht, und Studenten der Queen's University schlürfen auf der Botanic Avenue ihren Caffè Latte. Im alten Hafenviertel, wo 1911 die Titanic vom Stapel lief, bekräftigt ein imposanter Hightech-, Wohn- und Freizeitpark die Hoffnung, dass die Finanz- und Wirtschaftskrise den Auf-

Belfast zeigt sich seinen Besuchern als Hochburg der Lebensfreude.

schwung in Belfast nur gebremst, nicht aber gestoppt haben. Der gleiche Optimismus verbreitet sich auch in den Straßenzügen voller Pubs, Clubs, Galerien und Geschäften, die sich durch das Cathedral Quarter schlängeln wie Fangarme der Freude und des Genusses. „Wer in Belfast keinen Spaß hat, hat nirgendwo Spaß", ist der britische Musiker und Moderator Jools Holland überzeugt, und schätzt damit den Nachholbedarf der

Belfast: Bei der City Hall Tour gelangen Besucher auch ins erste Geschoss, um einen Blick in die Kuppel zu werfen

Nachdem Belfast 1888 von Queen Victoria die Stadtrechte erhalten hatte, begannen die Planungen für die monumentale City Hall. Belfast wollte mit dem Bau auch seine damals überragende wirtschaftliche Bedeutung auf der Insel demonstrieren (oben).
Die Queen's University bietet seinen rund 25 000 Studierenden heute ein technisches Profil. Der neugotische Hochschulbau war Mitte des 19. Jahrhunderts als Gegenpart zu Dublins Trinity College eröffnet worden (unten links und rechts)

Belfasts Victoria Square war eines der größten und kostspieligsten Bauvorhaben Nordirlands. Das 2008 eröffnete Einkaufszentrum wird von einer riesigen Glaskuppel gekrönt (rechts). Im Cathedral Quarter erinnert noch manches an viktorianische Zeiten (Mitte links)

Golden Mile nennt sich Belfasts Innenstadtbereich zwischen City Hall und Universitätsviertel. Hier reihen sich Bars, Pubs und Restaurants

Belfasts St. George's Market an der May Street: Seit den 1890er-Jahren floriert diese viktorianische Markthalle

Belfasts „The Crown Liquor Saloon" gehört zu den bekanntesten Pubs in ganz Nordirland

> Wer in Belfast keinen Spaß hat, hat nirgendwo Spaß ... – dies gilt vor allem an Belfasts Golden Mile und im Cathedral Quarter

Nordiren in Sachen Leichtigkeit und Lebensfreude richtig ein. Rund 30 Jahre „Troubles", wie die Iren den Konfessionskonflikt nennen. 30 Jahre Protestanten gegen Katholiken, Loyalisten gegen Republikaner, Nachbar gegen Nachbar. Nach dem Friedensschluss von 1998 entwickelt sich langsam eine gemeinsame nordirische Identität, und Fröhlichkeit und Feierlaune sind eindeutig wesentliche Bestandteile dieses neuen kollektiven Bewusstseins.

Lehrreiche Fassaden

Nordirland ist im Frieden angekommen, ohne die Troubles zu vergessen. „Um aus der Vergangenheit lernen zu können, muss man sich erinnern", glaubt auch Paddy, der Belfast-Besucher mit seinem Taxi zu den sichtbaren Zeichen der nordirischen Erinnerungskultur fährt – zu den Murals. Diese Propagandagemälde der verfeindeten Parteien bedecken ganze Hausfassaden und kennzeichnen ein Wohnviertel als katholisch oder protestantisch. Doch die Abrüstung im Bilder-Krieg ist im vollen Gange – im ganzen Land. Auch in Derry, der Stadt, in der die Troubles 1972 mit dem „Bloody Sunday" begannen, werden allzu martialische Wandbilder von maskierten, bewaffneten Männern mit harmlosen Motiven und Friedens-Symbolen übermalt. Nordirland muss jedoch nicht bloß neu bebildert, sondern auch neu gedacht werden, zumal es nach dem Referendumsentscheid für einen Austritt Großbritanniens aus der Europäischen Union vor zusätzliche Herausforderungen gestellt ist.

Die Lyrik der Landschaft

Die Optimisten halten es mit dem in Nordirland geborenen Dichter Seamus Heaney, der eine Zeit beschwor, in der „Hope and History Rhyme", Hoffnung und Geschichte im Gleichklang ertönen. Heaney, nach Shaw, Yeats und Beckett der vierte irische Literaturnobelpreisträger, hat die Troubles oft in seinen Werken thematisiert, mit besonderer Liebe aber über die irische Landschaft geschrieben. Er formte Moor und Meer, Steilküsten und sturmverwehte Strände in wundervollen Sprachbildern nach, die man auf einer Reise durch Nordirland sofort wiedererkennt. Diese ginstergelbe, torfbraune und atlantikblaue Welt, mit Klippen aus schwarzem Basalt, rotem Sandstein und weißen Kreidefelsen entlang der Causeway Coast. Mit wucherndem Wacholder und violett schimmernder Heide in den Glens of Antrim, mit Fjorden und Inseln der Seenlandschaft am Erne River und mit Gärten, die zu den schönsten der Welt gehören – die Gärten von Mount Stewart.

Kulturelle Vielfalt ist ein Gewinn: Wandgemälde an Belfasts Traditionswerft Harland & Wolff

Derrys Wandgemälde sind mittlerweile Ziel der Sightseeingtouren (Mitte links). Bunt zeigt sich Alt-Derry beispielsweise in der Waterloo Street (Mitte rechts)

Wehrhaft gibt sich Derry auf seiner alten Stadtmauer

Zwei Zeitalter: Derrys Guildhall, zu der Fußgänger auf der Peace Bridge gelangen

Durch die Blume gesagt

Die 40 Hektar große Grünanlage gilt als das nordirische Mekka für Pflanzenfreunde. Dass die Gärten Ergebnis einer ungewöhnlichen Ehetherapie sind, ist weit weniger bekannt. Erschaffen wurde die Anlage in den 1920er-Jahren von Lady Edith Londonderry. Bei Lebenskrisen suchte die Lady Trost in der Gartenarbeit, und ihr Gatte sorgte dafür, dass Trostbedürfnis und Gartengröße gleichermaßen wuchsen. Das Liebesleid der Lady fand schließlich ein grünes Happy End, sichtbar als Mairi-Garten – angelegt zur Erinnerung an die Geburt der jüngsten Tochter und der endgültigen Versöhnung des Paares.

Das Zeichen, mit dem Lady Londonderry hintergründig auf die Treulosigkeit ihres Mannes angespielt haben soll, wurde allerdings nie entfernt – eine Geparden-Statue. Auf Englisch heißt Gepard „Cheetah" und Betrüger „Cheater". In der Aussprache ist kein Unterschied zu hören. Als Lieferant für solch hübsche Geschichten werden Irlands gärtnernde Adelige nur von einem riesigen Haufen aus 40 000 Basaltsäulen übertroffen.

Gigantische Baumeister

Das Spektakuläre an diesen Säulen? Fast alle haben eine fünf- oder sechseckige Form. Perfekte Geometrie, ganz ohne Lineal und Zirkel. Die UNESCO zählt das geologische Wunder zum Weltnaturerbe, und die Iren haben die passende Schöpfungssage parat: Der irische Riese Fionn Mac Cumhaill hatte seinen schottischen Gegner Benanndonner zum Duell gefordert, musste aber erst massenhaft Steine ins Meer werfen, um über den so entstandenen Giant's Causeway seinen Rivalen erreichen zu können. Tatsächlich existiert eine unter Wasser liegende Basaltbrücke. An ihrem einen Ende die schottische Insel Staffa, am anderen der Giant's Causeway in Nordirland, der – so die nüchterne Naturwissenschaft – vor 60 Millionen Jahren als Lava ausgespuckt wurde. Oder hatte die Mutter des Riesen Fionn wieder ihre Finger im Spiel?

Die kleine und unbewohnte Insel Carrick-a-Rede zwischen Ballycastle und Ballintoy ist nur über diese abenteuerliche Hängebrücke zu erreichen

Wo die Vögel wohnen

Sturzbetrunken soll sie sich einmal einen Sack voll Landschaft geschnappt und auf den Weg nach Schottland gemacht haben. Unterwegs geriet sie ins Stolpern und verschüttete den ganzen Inhalt ihres Beutels – das Baumaterial für Rathlin, die nördlichste der nordirischen Inseln.

Oft eskortieren Delfine die Fähre, die von Ballycastle aus über die Wellen nach Rathlin schaukelt, so als wüssten sie, dass der Besuch eines besonderen Ortes einen besonderen Auftakt verdient. Mit einer der größten Vogelpopulationen in Europa ist Rathlin tatsächlich ein sehr spezieller Ort. 280 000 Vögel brüten jedes Jahr auf den Felsenklippen – Tölpel, Lummen, Eiderenten, Papageientaucher, Wanderfalken und Kiebitze.

Natürlich mischen auch Möwen ihr Lachen in den Vogel-Sound der Insel. Fröhlich kreisen sie über dem Friedhof von Rathlin, auf dem Katholiken und Protestanten schon immer gemeinsam beerdigt wurden. Für die Pflege von Feindschaften war auf der Insel einfach nie genug Platz – zudem war sie weit weg von politischen Ränken. Rathlins Beliebtheit bei Vögeln, Einheimischen und Touristen beweist: Frieden macht schön und attraktiv. Der Rest von Nordirland hat das nun auch verstanden.

Game of Thrones

Special

Filmreif reisen

Von den Dark Hedges bis zu den Höhlen des Schattenbabys: Anhänger der TV-Serie „Game of Thrones" können sich in Nordirland auf die Spuren ihrer Helden begeben.

Wie die vielarmigen Göttinnen Indiens strecken sich die Bäume beiderseits der Bregagh Road ihre kräftigen Äste entgegen. Wo sie einander greifen können, bilden ihre überlappenden Blätter ein Dach. Nur wenige Sonnenstrahlen schlüpfen durch diesen Baumtunnel und tupfen Leuchtpunkte wie Wegweiser auf die Fahrbahn. Dark Hedges heißt die märchenhaft schöne Buchenallee, die zum Drehort für eine der erfolgreichsten Fantasy-Fernsehserien wurde. In der Verfilmung von George R. R. Martins Buchsaga kämpfen Adelsfamilien um die Macht auf dem Kontinent Westeros. Intrigen, epische Schlachten, Sex und mystische Landschaften haben den Produzenten weltweit Rekordeinschaltquoten und

Irland eine neue Art von Touristen beschert: die „Throners". All die imposanten Schlösser, Klosterruinen, Wälder, Moore und Höhlen, die sie bisher vor den Fernseher gelockt haben, möchten Throners mit eigenen Augen sehen. Um sich auf einer Entdeckungsreise durch die Welt von Westeros für die schönsten Landschaften Nordirlands zu begeistern, muss man allerdings nicht wissen, wer Weiße Wanderer, Wildlinge und dreiäugige Krähen sind.

Eine Natursehenswürdigkeit von Weltrang:
Giant's Causeway mit seinen Basaltsäulen

DUMONT THEMA

ALGENKÜCHE

Küste im Kochtopf

*Einst galten Algen als Arme-Leute-Essen.
Heute setzen sogar Spitzenköche sie wieder auf die
Speisekarten irischer Sternerestaurants.
Lust auf Algen-Rouladen, Seetang-Salat und Meeres-Trüffel?*

Zum Knabbern: Dulce, getrockneter rotfarbiger Tang

Matschbraune Algen bedecken den Strand. Im flachen Wasser weht strähniger Seetang wie die wirren Haare einer Meereshexe. Ein Anblick, der die Freude auf eine kulinarische Kontaktaufnahme dämpft. Doch Reisen bildet – auch den Magen, und die lange Tradition des Algenessens macht Mut. Immerhin haben die Iren seit ewigen Zeiten Seetang gesammelt und gegessen. Bei Ebbe holen sie sich das Seegemüse aus der Vorratskammer des Meeres, und von Mai bis September wehten überall Algen auf hölzernen Trockengestellen im Seewind. Entlang der Causeway Küste kann man heute noch Ruinen der Schuppen, der Kelp Sheds, sehen, in denen die Ernte gelagert wurde.

Vielfältige Verwendungen

Ein bloßer Sattmacher für arme Iren war Seetang jedoch nicht, sondern auch leckeres Knabberzeug für die Liebste. In einem alten Volkslied wird ein junger Mann gefragt, ob er seiner Angebeteten auf dem Markt in Ballycastle schon Dulce, eine Rotalgenart, und Konfekt gekauft habe – „Did you treat your Mary Ann to some dulse and yellowman, at the Auld Lammas Fair in Ballycastle-O?" Der purpurrote Seetang Dulce kann roh gegessen, gekocht oder mit Butter und Knoblauch knusprig gebraten werden, dann schmeckt er besonders würzig und nussig. Andere Algenarten variieren in Konsistenz und Aroma, doch ihr Geschmack nach Meer kann immer süchtig machen. Auslöser ist die hohe Konzentration an Glutamat, die den Algen Umami verleiht, diesen ganz speziellen unwiderstehlichen Fleischgeschmack. Nordirlands Gourmets schwärmen für die aromatische Algen-Butter der Familie Abernethy aus der Grafschaft Down und für das Pesto, das Kate Burns auf der Insel Rathlin aus selbst kultivierten Kelp-Algen produziert. Nur zwei Beispiele einer großen Rezept-Palette, die von Meeresspaghetti, Algen-Rouladen bis Seetang-Crêpes reicht.

Ein Zukunftsgemüse?

Fast wäre das Wissen um die vielen Zubereitungsarten verloren gegangen. Den rettenden Trend nennen die

Die Firma Irish Seaweeds erntet an der Küste Nordirlands und vermarktet weltweit – besonders zu den Feiertagen ist die irische Spezialität auch in Übersee gefragt (links).
Dulce passt zu allem – hier in einem Salat mit Garnelen im der regionalen Küche verpflichteten Seafood Restaurant „Upstairs@Joes"; es ist südlich von Ballycastle in Cushendall zu finden (rechts)

Iren „Foraging", Futtersuche. In der Natur nach Nahrung suchen, ist wieder sehr populär in Irland. Wie man essbare Algen findet, sie richtig erntet und verarbeitet, lernen die Teilnehmer der Algenernte-Kurse von Charlie und Sandy Cole. Die beiden Brüder führen die Broughgammon Farm in Ballycastle und bauen vor der Küste Antrims Seetang an, den sie von Hand ernten. Die kulinarische Tradition ihrer Heimat hat Zukunft, glauben die Coles. Algen wachsen von allein, brauchen kein Land und keinen Dünger, sind klimafreundlich, nahrhaft und legen einem Irland auf die Zunge.

Informationen

Islander Rathlin Kelp – Kate Burns, Church Bay, Rathlin Island, Ballycastle BT54 6RT www.islanderkelp.com
Abernethy Butter, 66 Ballynahinch Road, Dromara BT25 2AL, www.abernethybuttercompany.com
Irish Seaweeds, 54 Springbank Place, Glenwood Business Centre, Belfast BT17 0YU, www.irishseaweeds.com

Kurse „Algen-Ernte", Broughgammon Farm, 50 Straid Road, Ballycastle BT54 6NP, Tel. 074 35 76 58 45, www.broughgammon.com

Die Fülle des Nordens

Inselwildnis und Großstadtflair, Burgruinen und Hightech-Museen, dramatische Steilküsten, magische Bergwelten und entlang der Antrim Coast eine der schönsten Küstenstraßen der Welt – der zu Großbritannien gehörende Teil Irlands garantiert Vielfalt und Abwechslung.

❶ Belfast

Die große Mehrheit der rund 331000 Einw. von Belfast feiert den Frieden (1998) in ihrer Stadt, und die hat sich mit historischen Pubs und hippen Bars, preisgekrönter Architektur und renommierten Ausstellungen mittlerweile zu einer Rivalin für Dublin entwickelt. Ihren Ursprung hat die über Jahrhunderte zwischen Protestanten und Katholiken umkämpfte nordirische Hauptstadt (seit 1920) in einer anglonormannischen Befestigung (12. Jh.). Wohlstand brachten die Leinenherstellung (ab 17. Jh.) und der Hafen mit seinem Schiffbau (ab 18. Jh.). Zukunftszugewandte Industrien und Tourismus sind heute wichtige Wirtschaftszweige in der Geburtsstadt des Musikers Van Morrison.

SEHENSWERT

Die Neorenaissance-**City Hall** (1898–1906; Donegall Square; Mo.–Fr. 9.30–17.00, Sa. und So. ab 10.00 Uhr) ist Wahrzeichen und mit ihrer hohen Kupferkuppel eines der schönsten Bauwerke der Stadt zugleich. Ganz in der Nähe verblüfft die neuromanische **St. Anne's Cathedral** (um 1900; Donegall Street, www.belfastcathedral.org) mit dem Spire of Hope, einem rund 50 m hohen Edelstahlmast, der je nach Lichtverhältnissen unwirklich wie eine Fata Morgana scheint. **Das MAC – Metropolitan Art Center** (10 Exchange Street West, www.themaclive.com) beherbergt seit 2012 auf sieben Etagen Galerien, Tanzstudios, Workshop-Ateliers und zwei Theater. Ein Muss für jeden Musikfreund ist das **Oh Yeah Music Centre** (15–21 Gordon Street, www.ohyeahbelfast.com) mit Konzert- und Proberäumen, Tonstudios und Ausstellungen. Ein Shopping-Center wie viele andere auch ist das **Victoria Square** (1 Victoria Square, www.victoriasquare.com), aber gekrönt von einer Glaskuppel, die Besuchern einen phantastischen Rundblick auf Belfast bietet. Toppen kann das nur die Aussicht vom **Cavehill**, einem markanten Basalthügel am Nordrand der Stadt.

MUSEEN

Auf dem Gelände der Traditionswerft Harland & Wolff wurde an der Stelle, wo 1911 der Luxusliner vom Stapel lief, das spektakuläre multimediale **Titanic Belfast Museum** erbaut (1 Olympic Way, Queen's Road, www.titanicbelfast.com; Okt.–März 10.00–17.00, April, Mai u. Sept. 9.00–18.00, Juni u. Juli 9.00–19.00, Aug. 9.00–20.00 Uhr). Den fünf W-Fragen Wer? Was? Wo? Wann? Warum? gehen experimentierfreudige Besucher etwas weiter südl. im wissenschaftlichen Entdeckerzentrum **W5 Discovery Centre** auf den Grund (2 Queen's Quay, www.w5online.co.uk; Mo.–Fr. 10.00 bis 17.00, Sa. 10.00 bis 18.00, So. 12.00–18.00 Uhr). Irlands Geschichte und Kunst haben neben vielem Anderen im **Ulster Museum** ihren Platz gefunden (Botanic Gardens, Stranmillis Road, www.nmni.com; Di.–So. 10.00–17.00 Uhr). Auch der umliegende **Botanische Garten** ist einen Besuch wert (College Park, Botanic Avenue; tgl. 10.00 bis 17.00/16.00 Uhr).

AKTIVITÄTEN

Bootsfahrten durch den Hafen zur Werft von Harland & Wolff veranstaltet die Lagan Boat Company (Unit 5, The Obel, 66 Donegall Quay, Tel. 028 90 24 01 24, www.laganboatcompany.com). Black Taxi Tours bieten **Fahrten zu den Wandmalereien** und der legendären **Peace Wall** an, die noch immer protestantische und katholische Viertel trennt (Tel. 028 90 64 22 64, www.belfasttours.com oder Tel. 077 29 68 31 04, www.niblacktaxitours.com).

HOTELS, RESTAURANTS UND PUB

Unweit der Innenstadt hält die €€/€ **Tara Lodge** moderne Zimmer, ein tolles Frühstück und große Gastfreundlichkeit bereit (36 Cromwell Road, Botanic Avenue, Belfast BT7 1JW, Tel. 028 90 59 09 00, www.taralodge.com). Schlicht und einfach – so lautet das Motto des 2018 eröffneten Hotels € **The Flint**. Bequeme

> ### Tipp
>
> ## Immer dem Guinness nach
>
> Auf der Historical Pub Tour durch Belfasts berühmteste Kneipen lässt sich hinter die Geschichte der Schenken blicken und gleichzeitig die legendäre Freundlichkeit nordirischer Gastwirte testen. Am Ende des Abends weiß man, was die Iren mit Craic (Spaß) meinen. Garantiert.
>
> **INFORMATION**
> Judy Crawford, Tel. 028 92 68 36 65, www.belfastpubtours.com

Belfasts neue Waterfront (links) und das „Europa Hotel" (rechts oben). „Duke of York" in Belfasts Commercial Court (rechts unten)

INFOS & EMPFEHLUNGEN

Betten, schickes Design und eine kleine Küche garantieren besten Komfort (48 Howard Street, Belfast BT1 6PG, Tel. 028 90 66 64 00, www.theflinthotel.com).
Das €€ **Holohan's at the Barge** (1 Lanyon Quay, Tel. 028 90 23 59 73, www.holohansatthebarge.co.uk) serviert moderne irische Küche auf einem restaurierten Lastkahn. Die €€/€ **Mourne Seafood Bar** gilt als bestes Restaurant Belfasts, wenn es um frischen Fisch und Meeresfrüchte zu erschwinglichen Preisen geht (34–36 Bank Street, Tel. 028 90 24 85 44, www.mournesea food.com). Stilvoller als in der musealen Originaleinrichtung der € **Crown Liquor Saloon** kann man sein Guinness nirgends trinken. (46 Great Victoria Street, Tel. 028 90 24 31 87, www.nicholsonspubs.co.uk).

UMGEBUNG
Nordw. ist an der Küste auf dem Weg zum Seebad Bangor das **Ulster Folk & Transport Museum** zu finden, das ein Freilichtmuseum mit Irlandbauten und eine großartige Fahrzeugausstellung vereint (Cultra, Holywood, www.nmni.com; Di.–Fr. 10.00–16.00, Sa. und So. 11.00–16.00 Uhr).
The Gobbins, ein spektakulärer Klippenpfad an der nordirischen Halbinsel Islandmagee (nördl.), bietet sagenhafte Ausblicke auf die Küstenlandschaft (www.thegobbinscliffpath.com). Zurück ins Zeitalter der Industriellen Revolution führt in **Templepatrick** (nordw.) die mit Wasserkraft getriebene Museums-Schmiede Pattersons Spade Mill (Antrim Road, www.nationaltrust.org.uk/pattersons-spade-mill).

INFORMATION
Visit Belfast Welcome Centre, 9 Donegall Square North, Belfast BT1 5GB,
Tel. 028 90 24 66 09,
www.visitbelfast.com

❷ Downpatrick

Mit der Ankunft des hl. Patrick 432 in der heutigen Grafschaft Down begann die Geschichte des Christentums in Irland. Vor allem die Stadt Downpatrick (10 800 Einw.) steht noch ganz im Zeichen des Nationalheiligen.

SEHENSWERT
Das **St. Patrick Centre** (St. Patrick's Square, www.saintpatrickcentre.com, Mo.–Sa. 9.00 bis 17.00, Juli und Aug. So. 13.00–17.00 Uhr) dokumentiert multimedial die Lebensgeschichte des Heiligen, der unweit der Down Cathedral (English Street, www.downcathedral.org) beerdigt sein soll; eine Granitplatte markiert sein Grab. Östlich der Stadt befinden sich die von St. Patrick gesegneten heiligen und vielleicht auch heilenden Quellen von Struell Wells (Ardglass Road).

INFORMATION
The St. Patrick Centre, 53a Market Street, Downpatrick BT30 6LZ, Tel. 028 44 61 22 33
www.visitstrangfordlough.co.uk

*„Zwar ist Irland klein,
aber kein Ire glaubt das wirklich."*
Colm Tóibín, irischer Schriftsteller und Journalist

❸ Enniskillen

Auf einer Insel mitten im Erne River liegt die charmante Altstadt von Enniskillen, mit 13 800 Einw. das Zentrum der von vielen Seen bestimmten Grafschaft Fermanagh.

SEHENSWERT
Enniskillen Castle (15.Jh.) beherbergt das **Fermanagh County Museum** zur Region und das Museum der Royal Iniskilling Fusiliers zur Militärgeschichte der britischen Traditionseinheit (www.enniskillencastle.co.uk; Mo.–Fr. 9.30 bis 17.00, Sa. 11.00–17.00, Juni–Sept. auch So. 11.00–17.00 Uhr). Der alte Milchmarkt im Herzen von Enniskillen wurde zum **Buttermarket Craft & Design Centre** umgestaltet, das Kunstwerkstätten, Galerien und ein Café umfasst (Down Street; Mo.–Sa. 10.00–17.00 Uhr).

HOTEL UND RESTAURANT
Vom €€€ **B & B Willowbank House** darf man malerische Aussichten auf Lough Erne und typisch irisches Frühstück erwarten (60 Bellevue Road, Ring, Enniskillen BT74 4JH, Tel. 028 66 32 85 82, www.willowbankhouse.com). Für sein exzellentes Speiseangebot wurde der familiengeführte Betrieb €€€ **Horseshoe Bar & Saddlers Restaurant** mehrfach ausgezeichnet (66 Belmore Street, Enniskillen BT74 6AA, Tel. 028 66 32 62 23, www.horseshoeandsaddlers.com).

UMGEBUNG
Auf einer Bootsfahrt durch die unterirdischen Höhlen **Marble Arch Caves** (15 km westl.) können Besucher riesige Kathedralen aus bunt angestrahlten Tropfsteinen bestaunen (www.marblearchcavesgeopark.com; März–Juni, Sept. tgl. 10.00–16.30, Juli, Aug. 9.30–18.00, Okt. 10.30–15.00 Uhr).
Etwas nördl. von Omagh widmet sich das Freilichtmuseum **Ulster American Folk Park** den Ursachen und dem Verlauf der Auswanderungswellen in die Neue Welt (2 Mellon Road, Castletown, www.nmni.com; Di.–Fr. 10.00–16.00, Sa. u. So. 11.00–16.00 Uhr).

INFORMATION
Fermanagh Lakeland Tourism
Tourist Information Centre, Enniskillen Castle, Enniskillen BT74 7HL, Co. Fermanagh, Tel. 028 66 34 67 36,
www.fermanaghlakelands.com

❹ Derry / Londonderry

Die mit 85 000 Einw. zweitgrößte Stadt Nordirlands dokumentiert mit ihrem Doppelnamen den alten Konfessionskonflikt: Derry heißt sie für Katholiken, Londonderry für Protestanten. Ihr weniger politischer Beiname „The Walled City" verweist auf die bis heute erhaltenen Stadtmauern der überwiegend im 17. Jh. entstandenen Grenzstadt.

SEHENSWERT
Eine Ausstellung in der neugotischen **Guildhall** (Guildhall Street, tgl. 10.00–17.30 Uhr), erzählt die Geschichte der Stadt, zu der auch die Errichtung der Stadtmauer (ab 1613) gehört. Von

*Krebs-Fischer auf Rathlin Islands (links).
Whiskey-Brennerei Old Bushmills (rechts oben).
Nordirlandküste am North Channel (rechts unten)*

der Südwestseite der Mauer hat man einen schönen Blick auf das katholische Stadtviertel Bogside mit den Wandbildern der **People's Gallery,** die an Ereignisse aus der Zeit der Troubles erinnern. Auch die neugotisch umgebaute **St. Columb's Cathedral** hat ihren Urspr. im 17. Jh.

MUSEUM
Das **Museum of Free Derry** dokumentiert die republikanisch-katholische Sicht auf die Stadtgeschichte (Roseville Street, www.museumoffreederry.org; Mo.–Fr. 9.30–16.30, April–Sept. auch Sa. 13.00–16.00, Juli–Sept. auch So. 13.00–16.00 Uhr).

HOTEL
Sogar der ehem. US-Präsident Bill Clinton soll schon in dem traditionsreichen Landhaus €€€/€€ **Beech Hill Country House Hotel** zu Gast gewesen sein. (32 Ardmore Road, Londonderry BT47 3QP, Tel 028 71 34 92 79, www.beech-hill.com).

INFORMATION
Tourist Information Centre, 44 Foyle Street, Derry/Londonderry BT48 6AT, Tel. 028 71 26 72 84, www.visitderry.com

5 Ballycastle

Das Hafenstädtchen Ballycastle (5200 Einw.) ist ein idealer Ausgangspunkt für Ausflüge an die Causeway Coast und in die Glens of Antrim.

HOTEL UND RESTAURANT
Fionnuala Scally betreibt mit €€/€ **Ard-Na-Mara** ein heimeliges Luxus-B&B (14 Atlantic Avenue, Ballycastle BT54 6AL, Tel. 077 32 55 16 92).
Im gemütlichen €€/€ **Cellar Restaurant** genießen Gäste den in Carrick-a-Rede gefangenen Lachs oder Gemüsespezialitäten (11b The Diamond, Tel. 028 20 76 30 37, www.cellarballycastle.com).

UMGEBUNG
Vor 60 Mio. Jahren hat ein Vulkanausbruch das geologische Wunder **Giant's Causeway**  aus 40 000 fünf- oder sechseckigen Basaltsäulen geschaffen (Visitor Centre, 44 Causeway Road, Bushmills, Tel. 028 20 73 18 55, www.nationaltrust.org.uk). Seit über 400 Jahren wird in der vermutlich ältesten irischen Brennerei **The Old Bushmills Distillery** (2 Distillery Road, Bushmills, www.bushmills.com; Führungen) Whiskey gebrannt.
Vor der nordirischen Küste lädt **Rathlin Islands** Wildnis zu Wanderungen und Vogelbeobachtungen ein (Fähre von Ballycastle, www.rathlinballycastleferry.com).

INFORMATION
Portnagree House Harbour and Marina Visitor Centre, 14 Bayview Road, Ballycastle BT54 6BT, Co. Antrim, Tel. 028 20 76 20 24, www.visitcausewaycoastandglens.com

---

NORDIRLAND

Genießen Erleben Erfahren

Im Königreich Narnia

DuMont Aktiv

„Man kann ein Leben lang durch die Mourne Mountains wandern und immer wieder Neues entdecken", schwärmt Dawson Stelfox. Als erster Ire bezwang er den Gipfel des Everest, begeistert sich aber genauso für die höchste und dramatischste Bergkette seiner Heimat Nordirland.

50 Kilometer südlich von Belfast locken die Granitfelsen der Mourne Mountains Wanderer, Kletterer, Reiter und Mountainbiker in die Grafschaft Down. Dominiert wird der Gebirgszug von einem Ring aus zwölf Bergen, von denen Slieve Donard (853 m) und Slieve Commedagh (765 m) die höchsten sind. Ein weit verzweigtes Wegenetz bietet unglaublich viele Möglichkeiten für Entdeckungstouren. Konditionsstarke erklimmen auf anspruchsvollen mehrtägigen Trecks Gebirgspässe und Gipfel, die Krönchen aus Granitfelsen tragen. Ungeübte Wanderer spazieren über sanfte, von Heidekraut und Wollgras bedeckte Hänge und genießen den Blick über die blitzendblaue Irische See, der an klaren Tagen bis nach Schottland und Wales reicht.

Magisch seien die Mourne Mountains, fand auch der irische Schriftsteller Clive Staples Lewis, der je nach Lichteinfall das Gefühl hatte, „dass jeden Moment der Kopf eines gigantischen Riesen hinter dem nächsten Bergrücken auftauchen würde". Derart fasziniert schuf Lewis das Königreich seiner Kinderbuchreihe „Die Chroniken von Narnia" ganz nach dem Vorbild der Mourne Mountains.

Informationen

Wanderkarten und Touren-Tipps sind erhältlich beim Newcastle Visitor Information Centre, 10-14 Central Promenade, Newcastle, Co. Down, Tel. 028 43 72 22 22, www.visitmournemountains.co.uk

Busverbindungen in die Berge bietet der **Activities in Mourne Shuttle Service – AIMSS,** 6b Park Avenue, Newcastle, County Down, Tel. 075 16 41 20 76, www.facebook.com/AIMSS2013

Auf den Straßen kann es eng, oftmals sehr eng werden – auf den Aran Islands (links), in Ballycastle (rechts oben) oder in Kerry (rechts unten)

Service

Keine Reise ohne Planung. Auf den folgenden Seiten haben wir für Sie Wissenswertes und wichtige Informationen für Ihre Irland-Reise zusammengefasst.

Anreise

Mit dem Flugzeug: Die wichtigsten irischen Flughäfen sind Dublin und Belfast. Regionalflughäfen wie Cork, Kerry, Knock und Derry werden vom Kontinent aus nur selten angeflogen. Und auch der Shannon Airport spielt für Flüge nach und von Mitteleuropa keine Rolle mehr.
Mit Bus und Bahn: Umweltbewusst reist man mit dem Eurostar nach London. Dort müssen per U-Bahn der Ankunfts- und Abfahrtsbahnhof gewechselt werden. Weitere Züge bringen einen dann zu den Fährhäfen. Von Köln beispielsweise ist man via Brüssel und London nach Dublin mindestens 17 Std. unterwegs, nach Belfast zwischen 20 und 25 Std. Von Deutschland existieren auch regelmäßige Busverbindungen über London auf die Grüne Insel. Auch hier ist mit mindestens 20 Std. Fahrzeit zu rechnen.
Mit Fähre und Auto: Von Frankreich verkehren von Roscoff und Cherbourg Direktfähren mehrmals wöchentlich nach Rosslare (Südirland). Die „Landbrücke" führt von Holland und Belgien via Fähre oder durch den Eurotunnel nach Großbritannien und dann weiter nach Irland. Die irische Fremdenverkehrszentrale informiert auf ihrer Internetseite (www.ireland.com) über die aktuellen Verbindungen.

Auskunft

Die irische **Fremdenverkehrszentrale Tourism Ireland** hält eine Fülle von Material bereit. Im Internet unter www.ireland.com/de-de oder in ihrem Büro in Deutschland: Irland Information, Gutleutstraße 32, 60329 Frankfurt/Main, Tel. 069 923 18 50.
In Irland finden sich in jedem größeren Ort **Informationsstellen**, die Stadtpläne, Wanderkarten und Veranstaltungskalender bereithalten und auch bei Buchungen für Stadtführungen, Unterkünfte und Mietwagen helfen. Weitere Infos unter: www.discoverireland.ie und www.discovernorthernireland.com.
Über behindertengerechte Unterkünfte, Transport etc. informieren Fremdenverkehrszentrale und Irish Wheelchair Association (www.iwa.ie).

Tipp

Marty in the Morning

Die Iren hören viel Radio. Mehr als 80 % schalten es täglich ein. Kultstatus genießt die Sendung „Marty in the Morning" auf RTÉ Lyric FM (96–99 MHz). Moderator Marty Whelan, mit einer über 30-jährigen Fernseh- und Radiokarriere selbst eine lebende irische Legende, präsentiert wochentags von 7.00 bis 10.00 Uhr klassische Musik, Anekdoten, Wetter- und Verkehrsnachrichten. Eine schöne Einstimmung in den Tag und ein wunderbarer Begleiter auf Autofahrten durch Irlands Landschaften.

Autofahren

Autofahrer benötigen **Fahrzeug- und Führerschein**. Empfohlen wird die Grüne Versicherungskarte, die aber nicht zwingend vorgeschrieben ist. Auf der Insel herrscht **Linksverkehr**, trotzdem hat der von rechts Kommende an gleichberechtigten Kreuzungen Vorfahrt. Die erlaubte **Höchstgeschwindigkeit** beträgt innerorts 50 km/h, Landstraßen 80 km/h, National Roads (grün beschildert) 100 km/h und Autobahnen (blau beschildert) 120 km/h. In Nordirland wird in Meilen gemessen; hier sind in geschlossenen Ortschaften 28 mph (45 km/h) erlaubt, außerorts 60 mph (96 km/h) und auf Autobahnen 70 mph (112 km/h). Die **Promillegrenze** für das Führen von Fahrzeugen beträgt 0,5 ‰ in der Republik, 0,8 ‰ in Nordirland. Einfache und doppelte gelbe Streifen am Straßenrand bedeuten **Park- und Halteverbot**; deren Nichteinhaltung wird mit hohen Bußgeldern bestraft. In ländlichen Gebieten behindern oft Hecken und Mauern die Sicht. Auf einspurigen Straßen weicht derjenige auf einen **Passing Place** aus, der diesem am nächsten ist.
Autovermietungen gibt es in allen größeren Städten, an Fähr- und Flughäfen. Einige Firmen vermieten nicht an Personen unter 21 und/oder über 70 Jahren. Unbegrenzte Kilometer, Haftpflichtversicherung (third party insurance) und Vollkasko inklusive Diebstahlversicherung sollten im Mietpreis enthalten sein.

Es muss nicht immer ein Guinness sein, bei strahlendem Sonnenschein schmeckt auch ein helles irisches Bier köstlich.

Preiskategorien

€ € € €	Hauptspeisen	über 30 €
€ € €	Hauptspeisen	20 – 30 €
€ €	Hauptspeisen	10 – 20 €
€	Hauptspeisen	unter 10 €

Bahn und Bus

Dublin liegt im Zentrum von Schienen- und Expressbusverbindungen, die in fast alle Landesteile führen (www.irishrail.ie, www.buseireann.ie). Zudem gibt es regionale Busverbindungen und ein gut ausgebautes Busnetz in den Städten. Seien Sie rechtzeitig am Bahnhof. Der Bahnsteig kann erst nach einer mitunter langwierigen Fahrkartenkontrolle erreicht werden. Für Dublin-Reisende empfiehlt sich unbedingt die Visitor Leap Card, erhältlich bei Dublin Bus, 59 Upper O'Connell Street und den Touristenbüros am Flughafen und im Stadtzentrum. Die Karte ist alternativ für 1, 3 oder 7 Tage in allen Bussen, Luas-Straßenbahnen, DART- und Commuter-Zügen im Stadtgebiet und nahem Landkreis von Dublin gültig (www.leapcard.ie).

Einreisebestimmungen

Deutsche, Österreicher und Schweizer benötigen einen **Reisepass oder Personalausweis** bzw. Identitätskarte mit mindestens sechs Monaten Gültigkeit. Kindereinträge im Reisepass eines Elternteils reichen nicht mehr aus. Jedes Kind benötigt ein eigenes Ausweisdokument. Mit einem **EU-Heimtierpass** ist auch Hunden und Katzen eine Einreise ohne vorherige Quarantäne gestattet, vorausgesetzt das Tier trägt einen Mikrochip und wurde gegen Tollwut geimpft (Weiteres auf www.agriculture.gov.ie).

Essen und Trinken

Ein **irisches Menü** hat sieben Gänge: sechs Bier und eine Kartoffel … Die Zeiten, in denen man sich über das Land von „Potato und Pint" derart lustig machen konnte, sind längst vorbei. Die traditionellen Sattmacher wie Irish Stew, ein kräftiger Kohleintopf mit Kartoffeln, Karotten und Lammfleisch, oder der Shepherds's Pie genannte Auflauf aus Hackfleisch und Kartoffeln kommen heute noch vor allem in ländlichen Gegenden auf den Tisch. Doch in vielen Restaurants wird mittlerweile eine moderne und raffiniertere Küche aus regionalen Zutaten serviert. Lämmer aus den Wicklow Mountains, geräucherter Lachs aus Donegal, Muscheln aus Connemara, frittierter Aal aus dem Lough Neagh und Rohmilchkäse aus Durrus sind nur eine kleine Auswahl aus der Fülle an Schlemmereien, die Irland zu bieten hat.

Ein ewiger Klassiker bleibt das **Full Irish Breakfast**, das seinem Namen auch alle Ehre macht: Auf Fruchtsaft, Getreideflocken oder Haferbrei folgen Eier mit fettem Schinkenspeck, Würstchen, Bratkartoffeln, Pilzen, Bohnen, Grilltomaten und dazu Toast oder Brown Bread mit gesalzener Butter und Bitterorangenmarmelade.

Bei den **Getränken** ist Irland weltweit berühmt für sein Guinness-Bier, aber in den letzten Jahren machen immer mehr Kleinbrauereien (Micro Breweries) mit ihren Brauspezialitäten den Großen Konkurrenz, und wer auf Hopfen und Malz verzichten kann, findet im Cider aus Tipperary und im immer größer werdenden Weinangebot der Lokale ausgezeichnete Alternativen. Irischer Whiskey wird dreimal destilliert und schmeckt milder als der schottische Vetter. Über Whiskey-Shops, Pubs und zu besichtigende Destillerien informiert die Webseite www.irelandwhiskeytrail.com.

Restaurantempfehlungen finden sich auf den jeweiligen Info-Seiten.

Daten & Fakten

Geografie: Mit einer Fläche von 84 421 km² ist Irland die drittgrößte Insel Europas. Während der Ozean die schroffen Küsten formte, prägte die Eiszeit eine Landschaft von kleinen Höhenzügen Gletschertälern und Karseen. Das Flachland im Zentrum Irlands wird von einer Gebirgskette umschlossen. Irische Berge sind nicht hoch, nur drei erreichen Höhen von etwas mehr als 1000 m. Moore, Flüsse und Seen machen etwa ein Siebtel der Landesfläche aus.

Politik und Verwaltung: Irland ist in die vier Provinzen Ulster, Leinster, Connacht und Munster und in 32 Grafschaften (Counties) eingeteilt. Sechs Grafschaften von Ulster bilden das britische Nordirland, die anderen 26 die demokratisch-parlamentarische Republik Irland. Deren Staatspräsident wird für sieben Jahre, der Premierminister (Taoiseach) für fünf Jahre gewählt. Das Parlament (Oireachtas) setzt sich aus Repräsentantenhaus und Senat zusammen. Die beiden großen Volksparteien heißen Fine Gael (Familie der Gälen) und Fianna Fáil (Soldaten des Schicksals).

Bevölkerung: 6,5 Mio. Menschen leben auf der Insel, davon 4,7 Mio. in der Republik Irland und 1,8 Mio. in Nordirland. Dublin ist mit 553 000 Einw. die größte Stadt der Insel. Belfast zählt dagegen 331 000 Einw. Landflucht lässt die Städte weiter anwachsen. 40 % der Iren leben allein in der Metropolregion Dublin, während ohnehin spärlich besiedelte Counties wie Mayo mit 20 Einw./km² weiter ausbluten.

Etwa 88 % der Bewohner der Republik Irland bekennen sich zum röm.-kath. Glauben, nur 3 % sind Protestanten. In Nordirland halten sich die Anteile von Katholiken und Protestanten mit jeweils rund 40 % hingegen die Waage. Die Macht der Institution Kirche schwindet jedoch. 2015 entschied das als erzkonservativ geltende Irland als erstes Land weltweit per Referendum positiv über die Erlaubnis zur Schließung gleichgeschlechtlicher Ehen.

Wirtschaft: Mit der globalen Finanzkrise 2008 endeten die Jahre des irischen Wirtschaftsbooms („Keltischer Tiger"). Ein überdimensionierter Banken- und Bausektor brach zusammen, die Staatsschulden explodierten. Als erstes Land der Europäischen Union musste sich Irland 2010 unter den Europäischen Rettungsschirm flüchten. Inzwischen verzeichnet die Wirtschaft wieder gute Wachstumszahlen (2015 betrug das Wirtschaftswachstum stolze 26%, 2016 ca. 5%), dennoch wird Irland auf lange Sicht eines der höchst verschuldeten Länder der Europäischen Union bleiben.

Sprache: Offiziell ist Irisch bzw. Gälisch die erste Amtssprache. Über 1,6 Mio. Iren (41 %) könnten sich in Gälisch ausdrücken. Täglich gesprochen wird es jedoch nur noch von einem kleinen Teil der Bevölkerung (etwa 2 %), der in den sogenannten Gaeltacht-Gebieten im äußersten Westen lebt. Eigentliche Umgangs- und zweite Amtssprache ist Englisch. Ortsschilder sind meist in beiden Sprachen beschriftet.

Ein Wahrzeichen: Der Ben Bulben erhebt sich 527 m hoch nördlich Sligo

Segeln vor Baltimore: Auch die Iren haben eine Vorliebe für Oldtimer

Feiertage

1. Jan.: Neujahr. 17. März: St. Patrick's Day. Karfreitag (Nordirland). Ostermontag. Erster Mo. im Mai: Tag der Arbeit. Letzter Mo. im Mai: Bank Holiday (Nordirland). Erster Mo. im Juni: Bank Holiday (Republik Irland). 12. Juli: Union Day in Nordirland, zur Erinnerung an den Sieg der Protestanten 1690 in der Schlacht von Boyne. Erster Mo. im Aug.: Bank Holiday (Republik Irland). Letzter Mo. im Aug.: Bank Holiday (Nordirland). Letzter Mo. im Okt.: Bank Holiday (Republik Irland). Weihnachten: 25./26. Dez.

Geld

In der Republik Irland gilt der **Euro**. In Nordirland wird mit dem britischen **Pfund** bezahlt. Geldautomaten sind weit verbreitet und ermöglichen Bargeldauszahlungen mit Visa, Mastercard und EC-/Maestro-Karte. Während Restaurants, Hotels und Geschäfte internationale **Kreditkarten** akzeptieren, nehmen B & Bs und kleine Läden diese meist nicht an.

Gesundheit

In Irland besteht für alle in Deutschland gesetzlich versicherten Personen ein Anspruch auf eine Notfallbehandlung im Krankenhaus

Info

Geschichte

Um 7500 v. Chr. Jäger und Sammler wandern von der Britischen Insel über eine Landbrücke ein.
4000–2000 v. Chr. Ackerbauern der Jungsteinzeit beginnen mit der Rodung der Wälder und der Errichtung von Dolmen und Megalithgräbern.
Um 500 v. Chr. Keltische Einwanderer landen in Irland.
431/432 Der hl. Patrick beginnt mit seiner Missionierung der Iren.
Ab 795 Wikinger überfallen irische Klöster und Dörfer an der Küste und gründen Handelsstützpunkte wie Dublin, Waterford und Limerick.
1014 Sieg des Hochkönigs BrianBorú über die Wikinger in der Schlacht von Clontarf.
1169 Der nach England geflohene Dermot McMurrough, König von Leinster, kehrt mit Hilfe eines Normannenheeres nach Irland zurück. Der Westen liegt fortan in englischer Hand.
1348 Die Pest wütet in Irland. Ein Drittel der Bevölkerung stirbt.
1366 Die „Statuten von Kilkenny" treten in Kraft, die jede Verbindung zwischen Normannen und Iren verbieten, um die fortschreitende Gälisierung der englischen Führungsschicht zu stoppen.
1541 Heinrich VIII. lässt sich zum König von Irland erheben und beginnt mit der Auflösung und Zerstörung von rund 400 irischen Klöstern.
1607 Flucht der irischen Grafen nach einer gescheiterten Rebellion. Es beginnen die „Plantations", die systematische Ansiedlung von Schotten und Engländern in Ulster.
1649/1650 Der republikanische Lordprotektor Oliver Cromwell wütet in Irland und vertreibt die irische Bevölkerung in die unfruchtbaren Gebiete im Westen der Insel ("To Hell or to Connacht!").
1798 Die Rebellion der United Irishmen wird niedergeschlagen.
1800 Act of Union: Auflösung des irischen Parlaments und Vereinigung mit England.
1846–1851 Kartoffelfäule verursacht die „Große Hungersnot", die eine Mio. Menschen das Leben kostet und weitere 1,5 Mio. zur Auswanderung zwingt.
1886 und 1892 Zwei Gesetzesentwürfe zur irischen Autonomie („Home Rule") scheitern.
1905 Gründung der Partei Sinn Féin ("Wir selbst") durch katholische Republikaner.
1916 Niederschlagung des Osteraufstands irischer Rebellen in Dublin.
1919–1921 Die Irish Republican Army (IRA) nimmt den Unabhängigkeitskampf gegen britische Truppen auf, der mit dem anglo-irischen Friedensvertrag endet. Nordirland verbleibt bei Großbritannien.
1949 Die Republik Irland verlässt den Commonwealth.
1968–1972 Proteste der nordirischen Bürgerrechtsbewegung führen zum Bürgerkrieg.
1973 Großbritannien und die Republik Irland treten der Europäischen Gemeinschaft bei.
1981 Zehn inhaftierte IRA-Kämpfer sterben nach einem Hungerstreik.
1991 Mary Robinson Irlands erste Präsidentin.
1998 Das Karfreitagsabkommen beendet den Bürgerkrieg.
2002 Der Euro löst in der Republik Irland das irische Pfund ab.
2007 Historische Wende: Katholiken und Protestanten stellen in Nordirland eine gemeinsame Regierung. Die britische Armee zieht nach 38 Jahren ab.
2008 Die weltweite Finanzkrise trifft Irland hart. 2013 kann Irland den Europäischen Rettungsschirm wieder verlassen.
2016 Großbritannien stimmt für einen Austritt aus der EU. Nordiren sind für einen Verbleib.
2019 Bei Redaktionsschluss war nicht klar, wie Großbritannien die EU verlassen wird. Über mögliche Änderungen im Reiseverkehr nach Nordirland: www.auswaertiges-amt.de (Reise- und Sicherheitshinweise).

oder bei Ärzten, die vom gesetzlichen Krankenversicherungsträger zugelassen sind. Dazu ist die **Europäische Krankenversicherungskarte** vorzulegen, die sich auf der Rückseite der nationalen Versicherungskarte befindet. Über Ansprechpartner und Adressen in Irland informieren auch die deutschen Krankenkassen. Der Abschluss einer privaten Auslandsreisekrankenversicherung empfiehlt sich, da diese nicht erstattungsfähige Kosten und den Rücktransport im Krankheitsfall deckt. Nicht verschreibungspflichtige **Medikamente** sind in Irland oft in Drogerien erhältlich.

Öffnungszeiten

Banken sind Mo.–Fr. 10.00–16.00, Do. 10.00 bis 17.00 Uhr geöffnet. Kleinere Institute schließen über Mittag 12.30–13.30 Uhr.
Die meisten **Geschäfte** öffnen Mo.–Sa. 10.00 bis 18.00 Uhr. In den Städten hat sich der lange Do. mit Öffnungszeiten bis 20.00 oder 21.00 Uhr etabliert. Vor allem in Dublin kann man in vielen Läden wochentags bis weit in den Abend hinein und sogar So. einkaufen.
Die Öffnungszeiten von **Restaurants** variieren. Mittagessen wird tgl. zwischen 12.30 und 14.30 Uhr serviert, Abendessen üblicherweise ab 19.00 Uhr, obwohl viele Restaurants zwischen 17.00 und 19.00 Uhr „Early Bird"-Menüs zu günstigeren Preisen anbieten. Warme Küche gibt es in der Regel bis 21.30 Uhr, wobei viele Restaurants am Wochenende länger öffnen. Die meisten **Bars und Pubs** haben Mo.–Mi. 10.30–23.30 und Do.–Sa. 10.30–0.30 Uhr geöffnet. So. wird zwischen 12.30 und 23.30 Uhr ausgeschenkt.

Souvenirs

Die Palette reicht von Aran-Pullovern, Metallschmuck nach alten keltischen Motiven, Waterford-Kristall und Tweed aus Donegal bis zur Folklore-CD. Herzhafte Erinnerungen an die Grüne Insel lassen sich mit Räucherlachs, Farmhouse-Käse und Chutneys wecken.

Sport

Angeln: Irland ist ein klassisches Reiseziel für Angler. In Flüssen und Seen jagen sie vor allem nach Forellen, Karpfen und Lachsen. Hochseeangler finden an der Südwest- und Westküste beste Fanggründe für Makrelen, Heringe, Brassen oder Blauhai.
Für Lachs- und Forellengewässer sind in der Regel Angelgenehmigungen erforderlich, die man vor Ort erhält. Nähere Infos finden sich auf der Internetseite des Central Fisheries Board (www.fishinginireland.info).
Golf: Irland gilt als eines der besten Golfziele der Welt. Golf ist hier schon lange ein Volkssport. Auf vielen der rund 400 Plätze können auch Gäste spielen, Clubmitgliedschaft wird nicht vorausgesetzt, und eine Ausrüstung wird bei Bedarf gestellt (www.golfnet.ie).
Radfahren: In Irland warten wunderbare Fahrradrouten für jedes Tempo und Leistungsniveau. Fluggesellschaften, Fähren, Bus und Bahn transportieren Räder gegen Gebühr. In vielen Orten Irlands finden sich jedoch auch Fahrradverleiher. Ein Mietrad kostet etwa 50 € bzw. 39 £ pro Woche. Helme und Regenschutzkleidung muss man mitbringen.
Reiten: Am Strand oder quer durchs Land, auf einem Vollblüter oder einem Connemara-Pony – Irlands Angebote für Reiter sind vielseitig. Viele Reiterhöfe bieten auch Kurse für Anfänger und Kinder, manche sogar auch kombinierte Reit- und Sprachferien an. Ein Verzeichnis von Reitställen findet man unter www.ireland.com/de-de/aktivitaeten.
Wandern: Das mehrere Tausend Kilometer umfassende irische Wandernetz wird ständig erweitert. Im Internet findet man Wandertipps und Routenvorschläge unter www.ireland.com/de-de/aktivitaeten und www.irishtrails.ie.
Surfen: Wellenreiter finden vor allem an der irischen Westküste gute Bedingungen. Zahlreiche Schulen vermieten Bretter und Neoprenanzüge und haben Kurse im Angebot. Nähere Details auf der Internetseite der Irish Surfing Association (www.irishsurfing.ie).

Telefon

Vorwahlen: Deutschland 0049, Österreich 0043, Schweiz 0041, Irland 00353, Nordirland 0044.
Notruf: 999 oder 112, die EU-weit gültige Notrufnummer für Polizei, Feuerwehr und Rettung.
Sperrung von Handys, EC- und Kreditkarten: 0049 116 116.
Das **Mobilfunknetz** ist in Irland sehr gut ausgebaut.

Tipp

Zum Weiterlesen

Vier Literaturnobelpreisträger hat das kleine Irland hervorgebracht. Mit wesentlich mehr Begeisterung aber wird Roddy Doyle von seinen Landsleuten gelesen – bekannt geworden mit „Die Commitments" (Fischer TB) über eine Band aus dem Dubliner Arbeiterviertel und für die Erlebniswelt eines zehnjährigen Dubliners in „Paddy Clarke Ha Ha Ha" (Fischer TB). Zu den bedeutendsten irischen Schriftstellern der Gegenwart zählt auch Anne Enright, die mit „Das Familientreffen" (btb) und „Rosaleens Fest" (Penguin Verlag) Geschichten über die dunklen Seiten irischer Großfamilien schrieb. Augenzwinkernd und liebevoll berichtet der Irlandkorrespondent der taz, Ralf Sotschek, in „Mein Irland" (Mare Verlag) von seiner Wahlheimat. Klassiker unter den literarischen Reiseberichten ist Heinrich Bölls „Irisches Tagebuch" (dtv-TB) über das Irland Mitte des 20. Jh. 50 Jahre später reiste Hugo Hamilton auf Bölls Spuren und beschreibt in „Die redselige Insel – Irisches Tagebuch" (Luchterhand), wie vieles sich verändert hat, wie vieles aber gleich blieb. Gesine Schulz versteht es, mit „Eine Tüte grüner Wind" (Carlsen) auch Kindern Lust auf Ferien in Irland zu machen, und an Frederik Hetmanns „Irische Märchen – zum Erzählen und Vorlesen" (Urania) hat die ganze Familie Freude.

Die 1957 gegründete folkloristische Theatertruppe Siamsa Tíre ist in Tralee beheimatet und hält irisches Kulturgut lebendig

SERVICE

Trinkgeld

In Restaurants gibt man 10% „Tip", falls auf der Rechnung nicht bereits eine „Service Charge" aufgeführt wird, und im Taxi rundet man den Betrag auf. In Pubs ist Trinkgeld unüblich.

Unterkunft

Hotels und Guesthouses: In Irland gibt es für jeden Geschmack und Geldbeutel die passende Unterkunft, vom einfachen Guesthouse bis zum Schlosshotel. Direktbuchungen sind online unter www.irelandhotels.com möglich.
Bed & Breakfast: Wem Hotels zu unpersönlich sind, der bucht „Zimmer mit Frühstück". Noch immer verdienen sich viele irische Familien mit der Gästezimmervermietung ein Zubrot, doch die Professionalisierung der B & Bs hat zugenommen, was sich mit besserer Ausstattung, aber auch höheren Preisen bemerkbar macht. Viele B & Bs sind auf den Websites www.bandbireland.com und www.irishbnb.com aufgeführt.
Ferienhäuser und Cottages: Bei längerem Aufenthalt an einem Standort bietet sich die Anmietung eines Ferienhauses an. Informationen und Buchungen beispielsweise auf www.selfcatering-ireland.com oder www.imagineireland.com.

Preiskategorien

€ € € €   Doppelzimmer   über 200 €
€ € €   Doppelzimmer   150–200 €
€ €   Doppelzimmer   100–150 €
€   Doppelzimmer   unter 100 €

Hausboote: Zum Freizeitkapitän kann jeder werden, der über 21 Jahre alt ist. Nautische Vorkenntnisse werden nicht vorausgesetzt, um auf dem rund 750 km langen Verbund von Flüssen und Seen unterwegs sein zu können. Informationen im Internet bei Inland Waterways Association of Ireland (www.iwai.ie). Ein Verzeichnis der Hausboot-Vermieter bietet das Fremdenverkehrsamt auf seiner Internetseite www.ireland.com an.
Camping: Einige Hundert Camping- und Caravanplätze sind über die Insel verstreut und haben meist von April bis Okt. geöffnet (www.camping-ireland.ie).
Jugendherbergen/Hostels: Der Jugendherbergsverband der Republik informiert auf www.anoige.ie, das nordirische Pendant auf der Internetseite www.hini.org.uk. Ohne Jugendherbergsausweis kommt man in den rund 100 Hostels der Insel unter (www.hostels-ireland.com, www.independenthostelsireland.com).

Unterkunftsempfehlungen finden sich auf den jeweiligen Info-Seiten.

Wetter und Reisezeit

Das Klima in Irland wird vor allem vom Golfstrom und den atlantischen Südwestwinden beeinflusst und ist mit jährlichen Durchschnittstemperaturen um die 10 °C mild bis gemäßigt. Schnee und Frost kommen genauso selten vor wie sommerliche Gluthitze. Im Jan. gibt es Höchsttemperaturen um die 7 °C. Im Hochsommer klettern die Temperaturen hingegen selten über 20 °C. Die Monate Juni bis Aug. sind die wärmsten und relativ trocken. Viele Festivals finden daher in dieser Zeit statt. Auch im Mai und Sept. kann es viele warme Tage geben – und es ist viel ruhiger. Mit Regenschauern ist das ganze Jahr über zu rechnen. Die Niederschlagmenge nimmt jedoch von Westen zum Osten hin ab. Die trockensten und sonnigsten Gegenden sind die Grafschaften Wexford und Waterford im Südosten. Während Dublin ganzjährig Saison hat, beginnt die Hauptreisezeit in den anderen Regionen etwa Mitte April und reicht bis in den Oktober.
Wie auf der Britischen Insel auch gilt in Irland die Greenwich Mean Times (GMT); im Vergleich zu Deutschland gehen irische Uhren also eine Stunde nach (MEZ-1).

Zum Sonnenuntergang an den Cliffs of Moher

Register

Fette Ziffern verweisen auf Abbildungen

A
Achill Island **5, 86, 87, 92,** 98
Aghnablaney **20,** 20
Annamoe **44,** 45, **53,** 53
Aran Islands 80, **92,** 92, **93,** 99, **116**
Ashford **50,** 50
Athlone 77, 83, **84**

B
Ballinasloe **77,** 84
Ballycastle 115, **116**
Ballymoney **10, 11**
Baltimore **64,** 66, 72, **73,** 73, **118**
Bantry **60,** 72
Beara 60, 72
Belfast **100, 101, 102,** 102, **103, 104, 105, 106, 112,** 112
Ben Bulben **118**
Birr 84
Blessington 50
Boyle 83
Bundoran **98**
Bunratty 85
Burren 91, **98,** 99
Bushmills **114,** 115

C
Cape Clear 72
Carlingford 46
Carrick-on-Shannon 83
Cashel, Rock of **7,** 7, **48,** 49, **54,** 55
Castleconnell **76,** 79
Céide Fields 98
Cliffs of Croaghaun 98
Cliffs of Moher 7, **8,** 88, **89,** 99, **120**
Cliffs of Slieve League 7, 88, **97,** 97
Clonfert 84
Clonmacnoise 7, 46, **74,** 77, **78,** 84
Cobh **56, 57, 58, 59,** 60, 71
Cong 21
Connemara 7, 98
Cork 58, **71,** 71
Croagh Patrick **88,** 98
Crosshaven 81

D
Dalkey 41
Derry/Londonderry 80, **106,** 114
Dingle 60, 73, **80,** 81
Donagal 97
Downpatrick 114
Dowth 7, 32, 41
Drumcliff 91, 98
Dublin **4,** 7, **14–17, 22–29,** 24–31, **39–41,** 39–41, 46, **51,** 51
  Abbey Theatre 40
  Bord Gáis Energy Theatre **25,** 40
  Botanic Gardens 39, **51,** 51
  Chester Beatty Library 40
  City Hall 39
  Custom House 26, 39
  Dublin Castle **28,** 39
  Famine Memorial 39
  Four Courts 26
  General Post Office 39
  Glasnevin Cemetery & Museum 39
  Government Buildings **29**
  Guinness Storehouse **24,** 40
  Halfpenny Bridge **24**
  Leinster House 39
  Little Museum of Dublin 40
  Merrion Square **39,** 39
  National Gallery 40
  National Library 40
  National Museum Archaeology 26, 40
  Samuel Beckett Bridge **14, 15, 25**
  St. Michan's Church 40
  St. Patrick's Cathedral 40
  Temple Bar **16, 17, 26**
  Trinity College **28,** 39
  Whitefriar Street Church 40
Dunbur Head 21
Dunfanaghy **20,** 20, **21**
Dursey Island 60, 72

E
Ennis 99
Enniskerry **53,** 53
Enniskillen 114
Ennniscrone 7, 98

F
Fastnet Rock 7, 72
Fethard 54
Foynes 85

G
Galway **12, 13, 90,** 98
Garinish Island 72
Giant's Causeway **7,** 7, 107, **109,** 115
Glendalough 7, **45,** 46, 53
Glengarriff 50, **51**
Glenveagh National Park 88, 97

H
Hook Head 54
Howth Head 31, **33,** 41

I/J
Inishowen 88
Jerpoint Abbey 55

K
Kilbeggan **84,** 84
Kilkenny **48, 49, 54,** 54
Killaloe **76**
Killarney 60, **62, 64,** 72
Kinsale **59,** 71, **72**
Knowth 7, 32, 41

L
Lambs Cross 51
Laytown **32,** 40
Leixlip 20, **21**
Limerick 77, **78, 79, 84,** 85
Lisdoonvarna 81, 98
Lismore **42, 43, 116**
Lough Erne 77, 79

M
Malin Head 88
Marble Arch Caves 114
Mitchelstown Caves 55
Mizen Head 60, **61, 63, 72,** 72
Monasterboice 7, **33**
Mount Stewart 105
Mourne Montains **115,** 115
Muckross **64,** 72

N
New Ross **46,** 54
Newgrange **7,** 7, 32, **33,** 41
Newtownards 50

P
Portumna 79, **83**
Powerscourt 45, **53,** 53

R
Rathlin Island 108, **114,** 115
Red Rock 21
Ring of Kerry 60, **61,** 72, 73

S
Sandycove **32,** 32
Shannon Callows 7, 79, 84
Skellig Islands **4,** 7, **18, 62,** 65, 73
Skibbereen **59,** 71
Sligo **91,** 91, 97
St. John's Point **97,** 97

T/V
Templepatrick 114
Tralee 73, **119**
Valentia Island 73

W
Waterford 46, **54,** 54
Westport 98
Wexford 46, 53
Wicklow Mountains 31, **44,** 46, 53, 55

Impressum

2. Auflage 2019
© DuMont Reiseverlag, Ostfildern

Verlag: DuMont Reiseverlag, Postfach 3151, 73751 Ostfildern, Tel. 0711 45 02 0, Fax 0711 45 02 135, www.dumontreise.de
Geschäftsführer: Dr. Thomas Brinkmann, Dr. Stephanie Mair-Huydts
Programmleitung: Birgit Borowski
Redaktion: Achim Bourmer
Text: Nicole Quint, Berlin
Exklusiv-Fotografie: Johann Scheibner, Berlin
Titelbild: Mauritius images/Eye Ubiquitous/Alamy
Zusätzliches Bildmaterial: Dover Publications (Illustrationen; S. 50), Finn Lough, www.finnlough.com (S. 20 r.), fotolia (Illustrationen; S. 55, 85), Huber Images/Rellini Maurizio (S. 109), iStockphoto (Illustrationen; S. 99, 115), Mauritius Images/age fotostock/Ton Koene (S. 108 o.), Thomas Schneider/bildbaendiger.de (S. 66, 67, 68 o., 68 u., 69 o., 69 u.), Shutterstock (Illustrationen; S. 5, 41)
Grafische Konzeption und Art Direktion: fpm factor product münchen
Layout: CYCLUS · Visuelle Kommunikation, Stuttgart
Cover Gestaltung: Neue Gestaltung, Berlin
Kartografie: © MAIRDUMONT GmbH & Co. KG, Ostfildern, Kartografie Lawall (Karten für „Unsere Favoriten")
DuMont Bildarchiv: Marco-Polo- Straße 1, 73760 Ostfildern, Tel. 0711 45 02 266, Fax 0711 45 02 10 06, bildarchiv@mairdumont.com

Für die Richtigkeit der in diesem DuMont Bildatlas angegebenen Daten – Adressen, Öffnungszeiten, Telefonnummern usw. – kann der Verlag keine Garantie übernehmen. Nachdruck, auch auszugsweise, nur mit vorheriger Genehmigung des Verlages. Erscheinungsweise: monatlich.

Anzeigenvermarktung: MAIRDUMONT MEDIA, Tel. 0711 45 02 333, Fax 0711 45 02 10 12, media@mairdumont.com, http://media.mairdumont.com
Vertrieb Zeitschriftenhandel: PARTNER Medienservices GmbH, Postfach 810420, 70521 Stuttgart, Tel. 0711 72 52 212, Fax 0711 72 52 320
Vertrieb Abonnement: Leserservice DuMont Bildatlas, Zenit Pressevertrieb GmbH, Postfach 810640, 70523 Stuttgart, Tel. 0711 72 52 265, Fax 0711 72 52 333, dumontreise@zenit-presse.de
Vertrieb Buchhandel und Einzelhefte: MAIRDUMONT GmbH & Co KG, Marco-Polo-Straße 1, 73760 Ostfildern, Tel. 0711 45 02 0, Fax 0711 45 02 340
Reproduktionen: PPP Pre Print Partner GmbH & Co. KG, Köln
Druck und buchbinderische Verarbeitung: NEEF + STUMME premium printing GmbH & Co. KG, Wittingen, Printed in Germany

Raues Bergland, stille Seen und wilde Hochmoore, das sind die Highlands. Wenn die Sonne durchbricht, malt die Natur die schönsten Bilder.

Nicht nur mit tollen Seen kann Mecklenburg-Vorpommern punkten, auch die mittelalterliche Backsteingotik beeindruckt.

Mecklenburgische Seen

Von einem See zum andern
Mecklenburg-Vorpommerns herrliche Seenlandschaft erschließt sich am besten vom Wasser aus, begleiten Sie uns auf einer erholsamen Hausboottour.

Kleine Hauptstadt, ganz groß
Schwerin mag die kleinste Landeshauptstadt Deutschlands sein, doch ist es schon lange aus seinem Dornröschenschlaf erwacht. Für Kultur, Sport und Abwechslung ist reichlich gesorgt.

Genuss am See
Schilfrascheln und zartes Wellenplätschern, was gibt es Besseres als in einem Restaurant am See zu speisen? Wir verraten Ihnen die schönsten Plätze.

Schottland

Städte mit Charme
Edinburgh und Glasgow, Schottlands größte Städte, könnten kaum unterschiedlicher sein. Spannend ist ein Aufenthalt in beiden Metropolen.

Good night!
Prunkvolle Schlösser, aparte Boutiquehotels, idyllische Landhäuser oder gemütliche B & B – Schottland hat wunderschöne Unterkünfte. Tolle Adressen stellen wir Ihnen in der Rubrik „Best of" vor.

Herbe Inselschönheiten
Die Hebriden vor Schottlands Westküste bewahren prähistorische Zeugnisse – ebenso wie die Orkney- und Shetland-Inseln. Letztere sind die nördlichsten Außenposten der Grünen Insel.

www.dumontreise.de

Lieferbare Ausgaben

DEUTSCHLAND
207 Allgäu
092 Altmühltal
105 Bayerischer Wald
180 Berlin
162 Bodensee
175 Chiemgau, Berchtesgadener Land
013 Dresden, Sächsische Schweiz
152 Eifel, Aachen
157 Elbe und Weser, Bremen
168 Franken
020 Frankfurt, Rhein-Main
112 Freiburg, Basel, Colmar
028 Hamburg
026 Hannover zwischen Harz und Heide
042 Harz
023 Leipzig, Halle, Magdeburg
210 Lüneburger Heide, Wendland
188 Mecklenburgische Seen
038 Mecklenburg-Vorpommern
033 Mosel
190 München
047 Münsterland
015 Nordseeküste Schleswig-Holstein
006 Oberbayern
161 Odenwald, Heidelberg
035 Osnabrücker Land, Emsland
002 Ostfriesland, Oldenburger Land
164 Ostseeküste Mecklenburg-Vorpommern
154 Ostseeküste Schleswig-Holstein
201 Pfalz
040 Rhein zw. Köln und Mainz
185 Rhön
186 Rügen, Usedom, Hiddensee
206 Ruhrgebiet
149 Saarland
182 Sachsen
081 Sachsen-Anhalt
117 Sauerland, Siegerland
159 Schwarzwald Norden
045 Schwarzwald Süden
018 Spreewald, Lausitz
008 Stuttgart, Schwäbische Alb
141 Sylt, Amrum, Föhr
204 Teutoburger Wald
170 Thüringen
037 Weserbergland
173 Wiesbaden, Rheingau

BENELUX
156 Amsterdam
011 Flandern, Brüssel
179 Niederlande

FRANKREICH
177 Bretagne
021 Côte d'Azur
032 Elsass
009 Frankreich Süden Okzitanien
019 Korsika
071 Normandie
001 Paris
198 Provence

GROSSBRITANNIEN/IRLAND
187 Irland
202 London
189 Schottland
030 Südengland

ITALIEN/MALTA/KROATIEN
181 Apulien, Kalabrien
211 Gardasee, Trentino
110 Golf von Neapel, Kampanien
163 Istrien, Kvarner Bucht
128 Italien, Norden
005 Kroatische Adriaküste
167 Malta
155 Oberitalienische Seen
158 Piemont, Turin
014 Rom
165 Sardinien
003 Sizilien
203 Südtirol
039 Toskana
091 Venedig, Venetien

GRIECHENLAND/ZYPERN/TÜRKEI
034 Istanbul
016 Kreta
176 Türkische Südküste, Antalya
148 Zypern

MITTEL- UND OSTEUROPA
104 Baltikum
208 Danzig, Ostsee, Masuren
169 Krakau, Breslau, Polen Süden
044 Prag
193 St. Petersburg

ÖSTERREICH/SCHWEIZ
192 Kärnten
004 Salzburger Land
196 Schweiz
144 Tirol
197 Wien

SPANIEN/PORTUGAL
043 Algarve
093 Andalusien
150 Barcelona
025 Gran Canaria, Fuerteventura, Lanzarote
172 Kanarische Inseln
199 Lissabon
209 Madeira
174 Mallorca
007 Spanien Norden, Jakobsweg
118 Teneriffa, La Palma, La Gomera, El Hierro

SKANDINAVIEN/NORDEUROPA
166 Dänemark
153 Hurtigruten
029 Island
200 Norwegen Norden
178 Norwegen Süden
151 Schweden Süden, Stockholm

LÄNDERÜBERGREIFENDE BÄNDE
123 Donau – Von der Quelle bis zur Mündung
112 Freiburg, Basel, Colmar

AUSSEREUROPÄISCHE ZIELE
183 Australien Osten, Sydney
109 Australien Süden, Westen
195 Costa Rica
024 Dubai, Abu Dhabi, VAE
160 Florida
036 Indien
205 Iran
027 Israel, Palästina
111 Kalifornien
031 Kanada Osten
191 Kanada Westen
171 Kuba
022 Namibia
194 Neuseeland
041 New York
184 Sri Lanka
048 Südafrika
012 Thailand
046 Vietnam